나도
프레젠테이션을
잘하고 싶다

나도 프레젠테이션을 잘하고 싶다

1판 1쇄 펴낸 날 2018년 7월 1일

지은이 박승주
펴낸이 나성원
펴낸곳 나비의활주로
책임편집 유지은

디자인 design BIGWAVE

주소 서울시 강북구 삼양로 85길, 36
전화 070-7643-7272
팩스 02-6499-0595
전자우편 butterflyrun@naver.com
출판등록 제2010-000138호

ISBN 979-11-88230-39-6 03320

★ PT가 두렵고 싫지만, 그런데도 잘하고 싶은 이를 위한 맞춤솔루션 ★

나도 프레젠테이션을 잘하고 싶다

박승주 지음

나비의 활주로

PROLOGUE

프레젠테이션이야말로 노력한 만큼 성과가 나는 일이다

'나도 프레젠테이션을 잘하고 싶다'

누구나 한 번쯤은 이런 생각을 해보았을 것이다. 지난 14년간의 산업 교육 전문 강사 생활, 그리고 프레젠테이션 트레이너 경험 속에서 이런 욕구와 욕망을 가진 사람들을 만나왔다. 그들과 함께 고민하고, 때로는 방법을 제안하며 가끔은 윽박지르며 그들과 함께 했다. 짧은 시간이지만 트레이닝을 통해 조금씩 변화하는 그들의 자세와 기술에 보람을 느끼며 '어떻게 지도해야 프레젠테이션을 잘할 수 있을까?', '그들은 왜 프레젠테이션에 두려움을 가지고 있는 걸까?', '저런 동작이나 행동을 하면 좋은 것을 알면서도 왜 시도하지 않는 걸까?', '그의 어떤 행동을 바꾸는 것이 프레젠테이션을 달라 보이게 할까?'와 같이 끊임없이 고민해왔다.

그런 고민과 경험이 쌓이면서 바꿀 수 있는 것들과 바꿀 수 없는 것들을 구분하게 되고 마음먹기와 훈련을 통해서 바꿀 수 있는 것들을 찾아

내게 되었다. 그래서 시도해도 쉽게 바꿀 수 없는 것들을 바꾸라는 무리한 요구는 버리고, 실천 가능한 것들만 시도해도 그들의 프레젠테이션이 바뀌는 것을 보면서 '프레젠테이션을 잘하지 못할 사람은 없다. 다만 잘할 줄 모르는 사람은 있다'고 확신하게 되었다.

프레젠테이션을 잘할 수 있는 선천적인 능력 혹은 자질은 분명히 있다. 그래서 트레이닝 중에 어떤 학습자들에게는 "좋은 자질을 주신 부모님께 오늘 전화해서 감사함을 표현하세요"라고 말하기도 한다. 또 그런 자질을 갖추고 태어난 이들에게 부러움을 느끼기도 한다.

이 책을 쓴 나 역시 선천적인 프레젠테이션 능력을 갖고 있지 않다. 한때는 프레젠테이션 때문에 긴장하고 두려워하며, 한 다음에 좌절한 적도 많이 있었다. 다만 좋은 선배들을 만났고 그들을 통해 철저하게 훈련받았다. 나름대로 열심히 노력한 덕분에 지금은 프레젠테이션 기술에 대한 전문가로서 강의하고 클리닉을 운영하게 되었다. 그러한 경험을 바탕으로 이 책에는 14년간 교육 현장에서 프레젠테이션을 힘들어하고 두려워서 꺼리는 사람들, 좀 더 잘하고 싶어 하는 이들을 대상으로 강의하고 클리닉 했던 경험을 바탕으로 마음먹고 시도하면 분명 효과를 얻을 수 있는 것들을 담았다.

이 책은 기출간 되었던《발표의 정석》개정판이다. 핵심 내용은 그대로 살렸고 지난 책을 내고 나서 뒤늦게 발견된 오류, 싣지 못해 아쉬웠던 점, 강의와 연구 중에 새롭게 깨닫거나 학습했던 것, 최신 트렌드에 어울리지 않는 것들을 일부 수정하였다. 부디 청중 앞에서 멋지게 프레젠테이션 하는 당신에게 조금이라도 도움이 되기를 바란다. 더불어 예전에 꼼꼼한 피드백과 애정이 담긴 질책으로 프레젠테이션 기술에 대해 알려

주신 선배님들, 긴장과 두려움 속에서도 열심히 클리닉에 참여해서 오히려 다양한 가르침과 기술을 익히게 해준 교육 참가자들에게 감사를 전한다. 특히 멋진 구성과 자신감으로 오히려 나를 감동하게 하고 본인의 프레젠테이션을 이 책에 싣도록 허락해준 조윤주 님께 깊이 감사드린다.

박승주

CONTENTS

004 PROLOGUE 프레젠테이션이야말로 노력한 만큼 성과가 나는 일이다

PART 1

★ ★ ★

프레젠테이션을 잘하기 위해 갖추어야할 4가지 기본

012 프레젠테이션에 대한 일반적인 오해에서 벗어날 것

019 지피지기 백전불패, 자신에 대해 정확하게 판단할 것

027 프레젠테이션 자료 작성의 기본을 지킬 것

033 프레젠테이션의 목표를 명확하게 할 것

PART 2

★ ★ ★

프레젠테이션 성공을 좌지우지하는 도입부, 성공으로 이끄는 법

042 성공을 예견하는 인사법은 따로 있다

045 입장을 별 것이라고 여기면 큰코다친다

048 떨리는 목소리는 충분히 제압할 수 있다

054 아무 옷이나 입어도 프레젠테이션만 잘하면 된다는 건 착각이다

PART 3

★ ★ ★

프레젠테이션의 효과적인 구성은 바로 이것

062 도입부에서는 이렇게 집중시켜라

071 짜임새 있는 본론은 이런 구조로 만들어라

077 마무리를 감동적으로 이끄는 방법

084 연결부를 자연스럽게 관리하는 법

PART 4
★ ★ ★

성공하는 프레젠터가 반드시 익혀야할 표현스킬

092 집중을 부르는 단순하고 명쾌하게 표현하는 법
098 다양한 표현을 자유자재로 활용하는 법
107 이것이 신뢰감을 주는 음성 표현이다
112 시선을 통해 제대로 커뮤니케이션하는 법
119 제스처와 표정을 잘 활용하는 법
129 자신도 모르게 프레젠테이션을 망치는 나쁜 습관
136 연습은 실전 같이, 실전은 연습 같이 할 것

PART 5
★ ★ ★

청중의 시선과 마음을 사로잡는 프레젠테이션의 기술

146 당신 혼자 말하고 있다면 그건 프레젠테이션이 아니다
154 청중의 특성을 제대로 파악하는 기술
162 청중의 관심을 최대한 이끌어내는 법
168 프레젠테이션 시간은 당신만의 시간이 아니다

PART6
★ ★ ★

완성도 높은 프레젠테이션을 위해 반드시 해야 할 4가지 준비

176 일상이 프레젠테이션이고 프레젠테이션이 일상이 되게 할 것
183 이런 잘못된 표현이 프레젠테이션을 망친다
190 준비하면 할수록 줄어드는 돌발 상황 대처법
197 프레젠테이션을 완성시키는 질의응답 시간 대응법

PART 7
★ ★ ★

프레젠테이션의 성격에 따라 달라지는 성공의 핵심 포인트

208 개인기보다 팀워크가 중요한 행사 진행
214 내용보다 형식이 우선인 보고의 핵심
220 명강사로 인정받는 4가지 포인트
226 핵심이 담긴 짧은 프레젠테이션이 바로 실력이다

238 **부록** 우수 프레젠테이션 사례: MBA 지원 동기 발표

PRESENTATION

★ ★ ★ PART 1 ★ ★ ★

프레젠테이션을 잘하기 위해 갖추어야할 4가지 기본

PRESENTATION

프레젠테이션에 대한 일반적인 오해에서 벗어날 것

어떤 분야에서든 유능해지고 성공하기 위해선 3가지가 필요하다.
타고난 천성과 공부 그리고 부단한 노력이 그것이다.

-헨리 워드 비처

당신은 프레젠테이션을 잘하는 편인가? 잘하지 못한다면 혹시 자신의 프레젠테이션 능력을 탓해본 적은 없는가? 멋지게 프레젠테이션 하는 사람을 부러워 해본 적이나 발표력 부족으로 곤란한 경우를 겪어본 적은 없는가?

정부 부처, 지방자치 단체 및 기업체에 출강하여 프레젠테이션 스킬에 대해 강의하고 코칭하다 보면, 뜻밖에 발표력 부족에 대한 고충을 호소하는 이들이 많다. 억울한 심정으로 강의장에 와 있는 이들도 심심찮게 만날 수 있다. 자신이 아무리 프레젠테이션 준비를 열심히 했다고 하더라도 청중은 그 준비 과정은 전혀 알지 못한다. 다만 눈앞에 있는 발표자가 청중에게 얼마만큼의 내용을 논리적이고 명확하게 전달했는지에만 관심이 있을 뿐이다. 다음의 편지글을 한 번 읽어보라.

선생님,

안녕하세요. 지난번 선생님께서 우리 회사에 오셔서 '프레젠테이션을 잘하기 위한 몇 가지 방법'에 대한 특강을 해주셨지요? 그때 저는 사실 고민이 많은 상황이었습니다. 강의하신 날로부터 며칠 후 중요한 프레젠테이션이 예정되어 있어 걱정 반 긴장 반 속에서 하루하루를 보내고 있었기 때문입니다.

결론부터 말씀드리자면 선생님의 강의는 저에게 큰 도움이 되지 못했습니다. 전 일단 사람들 앞에 서면 엄청나게 긴장하는 소심한 성격에 말주변도 없어서 프레젠테이션을 못 하는 모든 조건을 갖추고 있기 때문입니다. 결국 며칠 뒤 중요한 보고를 앞두고 팀 동료에게 부탁했고, 팀장님도 그렇게 하는 것이 좋겠다고 말씀하셔서 팀 동료가 제 대신 프레젠테이션을 하게 되었습니다.

사실 그 캠페인의 기획안은 제 아이디어에서 시작하여 두 달간 온 힘을 다해 준비했던 것이었습니다. 이제 직장생활도 10년 차에 접어들었고 제 능력을 확실하게 발휘하고 싶었습니다. 하지만 발표력이 부족한 탓으로 동료가 대신 프레젠테이션을 하게 된 것입니다. 그렇게 되면 제가 손해를 볼 것이라는 생각은 들었지만 '발표를 제대로 못 해서 기획안이 채택되지 않는 것보다는 낫겠지'라는 마음에 그렇게 한 것입니다.

문제는 프레젠테이션 하는 날 일어났습니다. 제 동료는 평소에 언변이라면 누구한테도 뒤지지 않을 만큼 신입사원 교육 때부터 알아주는 프레젠테이션 능력자였습니다. 그 친구가 프레젠테이션을 마치고 나자 사장님께서 엄청난 칭찬과 함께 팀장님께 그 친구 주관으로 이 캠페인을 추진하고 필요한 모든 것을 지원하라고 지시하시는 것이 아니겠습니까? 전 그 자리에서 팀장님이 원 기획자는 저라는 것을 밝히고 제 주관으로 진행하겠다고 말해주실 줄 알았습니다. 하지만 팀장님은 "예, 알겠습니다"라고만 하셨습니다. 팀장님은 어차피 이 일이 시작되면 직원들 교육도 해야 하고, 워크숍도 진행해야 하며, 또 협력사들 교육까지 해야 하니까 팀 동료와 함께 하라시면서 이 캠페인은 제 작품이고 성과라면서 위로는 하셨습니다. 하지만 전 무언가 큰 실수를 했다는 느낌을 지울 수 없습니다.

지금 어떻게 진행되고 있느냐고요? 프로젝트의 전반에 그 동료가 나서서 진두지휘하고 있고 저는 지원만 하고 있습니다. 물론 동료는 이 프로젝트로 회사에서 스타가 되었지요.

선생님, 저의 이런 문제를 어떻게 해결해야 할까요? 너무 답답해서 선생님 회사에 문의해서 이메일 주소를 알아내어 이렇게 글을 보냅니다. 이런 문제를 해결할 수 있다면 전 뭐든지 하겠습니다. 부디 좋은 방법을 알려주세요.

실제로 한 기업체에 특강을 나갔을 때 받았던 이메일이다. 당신은 어떠한가? 혹시 자신의 이야기는 아닌가? '내가 프레젠테이션만 좀 잘했다면 지금보다 여러 가지로 나을 수 있을 텐데' 하는 아쉬운 마음이 든 적은 없는가? 그러나 그런 아쉬움만으로 해결할 수 있는 문제는 아무것도 없다. 발표력 부족이라는 문제를 해결하기 위해서는 어찌되었건 스스로 프레젠테이션 능력을 갖추는 것이 최선이다.

그런데 왜 발표의 중요성을 잘 알면서도 쉽게 이 문제를 해결하지 못하는 걸까? 10년 가까이 많은 사람들을 만나고 그들을 가르치면서 알게 된 것은 많은 사람들이 발표에 대해 오해하고 있는 점이 있다는 사실이다. 먼저 발표에 대한 일반적인 오해부터 풀어보자.

프레젠테이션에 대한 오해 1

많이 해보지 않으면 잘하지 못한다

우리는 어릴 때부터 주로 일방적으로 전달받는 교육을 받았다. 선생님께서 칠판에 쓰시면서 설명하시는 것을 수동적으로 받아들이는 학습에 익숙하다. 이런 우리가 어느 날 갑자기 자기 생각과 준비된 자료를 활용하여 다수의 청중 앞에서 프레젠테이션한다는 것은 쉽지 않은 일이다. 더군다나 유교적인 관습이 아직 남아 있어, 남들 앞에 나서고 자신의 의견을 강력하게 내세우는 것을 금기시하듯 하였으니 프레젠테이션이라는 것은 늘 낯설기만 하다.

하지만 요즘은 이러한 분위기가 많이 달라졌다. 교과 과정에도 말하기가 많이 반영되었고 실제 요즘 학생들은 프레젠테이션의 기회도 많아졌다. 프레젠테이션에서 활용하는 매체도 과거와는 비교도 되지 않을 정도로 많다. 이제 개인은 비즈니스 사회의 들러리가 아니라 주인공이 되었다.

직장인이라면 자신의 능력을 당당하게 드러낼 수 있는 발표력을 길러야 한다. 짧은 시간에 발표력을 습득하여 활용한다는 것이 쉬운 일은 아니지만, 프레젠테이션에 대해 적극적으로 대처하고 기회를 자꾸 만들다 보면 언젠가는 몰라보게 성장한 자신의 모습을 만나게 될 것이다.

프레젠테이션에 대한 오해 2

발표력은 선천적인 능력이다

솔직히 발표력을 선천적인 것으로 생각하는 것은 어느 정도 일리가 있다. 프레젠테이션 기술의 많은 요소들이 선천적인 것이 사실이기 때문이다. 나름대로 프레젠테이션을 좀 한다고 평가받고 있는 나도 가끔 갖지 못한 선천적인 요소들에 대해 아쉬울 때가 많다. 예를 들어 목소리가 좋은 사람들을 만나면 부럽기도 하고, 방송에 나오는 내 목소리가 정말 맘에 들지 않을 때도 많이 있다. 그래서 서문에서 언급했듯이, 강의 중에 목소리, 발음이 좋은 사람들을 만나면 "오늘 저녁에 부모님께 전화해서 꼭 감사하다고 말씀드리세요. 정말 좋은 목소리를 주셔서 감사하다고요"라고 이야기한다.

치열이 고른 사람은 대부분 발음이 명확하다. 잘 생긴 사람들은 아무래도 발표에서 호감을 얻어내기 좋다. 키 큰 사람, 어휘 구사력이 남다른 사람들도 있다. 그러나 선천적인 것 중에서 가장 부러운 것은 '무대 공포증이 적은 사람'이다. 10년째 많은 시간을 사람들 앞에서 강의하는 직업을 가진 나도 아직 무대 공포증을 극복하지 못했기 때문이다. 더욱 놀라운 사실은 나처럼 사람들 앞에서 이야기하는 것이 직업인 대부분 강사들은 선천적인 장점 보다 약점이 많다. 그러니 당신도 이제 자신감을 가져보라.

프레젠테이션에 대한 오해 3

발표를 잘하기 위해서는 달변이어야 한다

"차내에 계신 신사숙녀 여러분, 잠시 안내 말씀 드리겠습니다"로 시작하는 멘트나 혹은 "애들은 가라"로 시작하는 약장수의 단골 멘트를 기억하는가? 만일 달변의 기준이 유창함이라면 나는 아직 그만한 달변을 만난 적이 없다. 그러나 그런 달변과 고객을 설득해 내는 결과나 유창함과는 별개인 것 같다.

프레젠테이션은 '언어적인 요소'만으로 구성되는 것이 아니다. 실제 프레젠테이션의 결과에 영향을 미치는 정도는 언어적인 요소보다 비언어적인 요소들에 의한 것이 더 크다. 실제로 프레젠테이션에서 발표자가 달변인지 아닌지는 그리 중요하지 않다. 사람들은 귀로는 발표자의 프레젠테이션을 듣지만, 눈으로는 발표자의 표정, 자세, 제스처, 그리고 자료를 본다. 가끔은 달변이 아닌 사람이 더 설득력을 가지는 경우를 볼 수 있다. 노자는 '지나친 달변은 눌변처럼 보인다'라고 이야기함으로써 지나친 기교에 대해 경고했다. 그러니 달변이 아니어도 훌륭한 프레젠테이션을 해낼 수 있다.

프레젠테이션에 대한 오해 4

발표에 실패하면 무능력자로 낙인찍힌다

당신의 직장생활 중에서 프레젠테이션의 비중을 계산해 본다면 이 점은 걱정하지 않아도 될 것이다. 직장생활의 대부분이 사람들 앞에서 말하는 것이라면 당신은 지금부터 온 힘을 다해 프레젠테이션 능력을 길러야 하고 그게 잘 안 되면 직업을 바꿔야 할 것이다. 그게 아니라면 프레젠테이션의 스트레스에서 조금은 벗어나도 된다. 만일 프레젠테이션이 당신이 하는 여러 직업 활동 중 일부라면 말이다. 물론 결과에 대한 부담만 덜 수 있다면 프레젠테이션은 그리 어렵게 느껴지지는 않을 것이다.

프레젠테이션이란 '그 행위를 통해서 청중을 설득함으로써 결과를 얻어내는 것'이다. 그러나 남을 설득한다는 것은 남의 마음 그 자체를 움직이는 것이 아니고 마음을 움직이기 위한 정보를 제공하는 것이다. 우선 그것에 충실해 보자. 당신의 프레젠테이션에 대한 결과는 그다음에 생각하고 대처해 볼 일이다. 강산이 한 번 바뀌었을 세월 동안 강의장에서 사람들을 만나고 프레젠테이션 기술을 강의한 경험을 바탕으로 다음과 같이 자신 있게 말할 수 있다.

'준비해도 프레젠테이션을 못 하게 태어난 사람도 없지만, 준비 안 해도 프레젠테이션을 잘하도록 태어난 사람은 없다.'

PRESENTATION

지피지기 백전불패, 자신에 대해 정확하게 판단할 것

우리가 계획한 삶을 기꺼이 버릴 수 있을 때만,
우리를 기다리고 있는 삶을 맞이할 수 있다.

-조셉 캠벨

프레젠테이션을 잘하기 위해서는 어떤 무엇이 필요할까? 전문가들은 프레젠테이션을 잘하기 위한 요소로 '구성Design', '시각화Visualization', '전달력Delivery' 이 3가지를 든다.

실제로 이런 능력을 다 가지고 있다면 얼마나 좋을까? 하지만 이 모든 것을 다 갖추고 있는 사람은 찾아보기 쉽지 않다. 아마도 여러분의 머릿속에는 '아! 나는 구성력은 가지고 있는데 전달력이 약해', '내 약점은 자료의 시각화 능력이야'와 같은 생각이 떠오를지도 모르겠다.

먼저 프레젠테이션의 구성Design력이 필요하다.

프레젠테이션의 구성은 '발표자인 내가 뭘 할 것인가?'의 관점에서 '듣는 이들이 어떻게 결정할 것인가?'의 관점으로 바꿔주는 것을 시작으로 한다. 많은 발표자는 내가 사람들 앞에 서서 어떤 행동을 하고 어떻게 보일 것인가에 집중하게 된다. 그러나 가장 효과적인 프레젠테이션은 듣는 청중이 어떤 관심이 있고, 어떤 소재에 의해서 마음이 움직이며, 어떤 이야기를 듣고 싶어 하는가에 가장 근접한 것이다. 프레젠테이션의 구성 능력은 다음의 10가지 질문을 통해 스스로 점검할 수 있다.

1 프레젠테이션의 목표를 명확하게 이해하고, 프레젠테이션 이후의 청중의 변화된 모습을 명확하게 그린다.

2 청중을 설득할 핵심 메시지를 정하고 그에 대한 근거, 증거들을 조합할 수 있다.

3 청중의 관심을 끌 만한 강력한 헤드라인을 만들 수 있다.

4 프레젠테이션의 시작단계에서 청중에게 '왜 내 프레젠테이션이 중요하고, 왜 집중해서 들어야 하는지'에 대해 강력한 소재를 활용하여 관심을 집중시킨다.

5 프레젠테이션을 준비할 때 참석하는 청중의 사전 지식이나 경험 그리고 주제에 대한 견해에 대해서 분석하고 준비한다.

6 프레젠테이션의 콘텐츠를 어떤 순서와 방법으로 전달해야 효과적인지 분석할 수 있다.

7 프레젠테이션 내내 청중의 집중력을 유지하기 위한 소재를 배치할 수 있다.

8 어떤 주장을 펼치는 데 필요한 만큼의 정보의 양을 조절하고 정리할 수 있다.

9 청중의 집중력을 유지하기 위해 효과적인 매체, 자료 등을 수집하여 활용한다.

10 이전 다른 이의 유사한 프레젠테이션에 의존하지 않고 자신의 스토리를 구성한 후 자료 수집, 자료 작성에 임한다.

본인은 몇 가지 사항에 해당하는가? 그리고 프레젠테이션을 준비하면서 미처 생각하지 못했거나, 무의식적으로 해오는 것은 없는가? 지금까지 어떻게 해왔는지는 중요하지 않다. 앞으로 프레젠테이션을 어떻게 구성하는가 하는 것이 중요하다. 점검해보고 하지 않았던 것은 이제부터 하면 되는 거고, 해왔던 방법이 좋지 않으면 과감하게 바꾸어 보면 된다.

두 번째, 자료의 시각화 Visualization **능력이다.**

프레젠테이션 능력과 관련된 강의, 클리닉, 컨설팅 등을 하다 보면 많은 발표자들이 자료의 시각화와 관련하여 신경도 많이 쓰고, 그와 함께 스트레스도 많은 것을 볼 수 있다. 물론 시각화가 중요한 것은 사실이다. 아무래도 사람은 다섯 개의 감각 중에서 시각을 통해서 가장 많은 정보를 얻고, 보이는 것에 의해 가장 많이 영향을 받고 있기 때문이다. 다만 자료의 시각화에 대해서 2가지만을 이야기 하겠다.

첫째, 시각화는 아름답게 만드는 것만을 의미하지 않는다는 것을 기억하라. 좋은 프레젠테이션을 위해 아름답게, 멋지게 만드는 것이 좋다는 것은 썩 좋지 않은 선입견이다. 아름답고, 멋진 프레젠테이션 자료를 만들 수 있다면 좋겠지만 꼭 그것이 프레젠테이션의 성공을 보장하지는 않는다. 몇 년 전에 매체의 활용과 관련된 교육을 수강하면서 차트, 특히 그래프를 아주 쉬운 방법으로 멋진 멀티미디어 효과까지 낼 수 있는 프로그램을 알게 되었다. 쉽게 만들고, 특히 그래프의 디자인도 샘플이 많아서 쉽게 선택해서 꾸밀 수 있는 차트 전문 프로그램이었다. 또한, 파워포인트에서 쉽게 낼 수 없는 그래프의 애니메이션 효과까지 다양하게 낼 수 있는 프로그램을 알게 되었으니 얼마나 기쁜 일인가?

때마침 중요한 제안 프레젠테이션이 있어서 그 프로그램을 이용해 자료를 만들고 프레젠테이션을 했다. 특히 그래프를 가지고 통계를 이야기하면서 은근히 자신감이 일고 있는 자신을 느꼈다. 프레젠테이션을 마치고 질의응답 시간에 고객사 담당자 중 한 명이 '아까 그 그래프 효과를 어떻게 넣었는지'에 대해서 질문했다. 의기양양하게 그 프로그램을 소개했다.

그런데 그 시점에서 그런 질문이 나오면 안 되는 것이다. 제안 내용에 대한 질문이 나오고 프레젠테이션 중 이야기하지 못했던 것에 관해 이야기해야 할 시간에 엉뚱한 이야기가 진행된 것이다. 결국 지나치게 꾸며진 프레젠테이션 자료는 가끔 본 프레젠테이션의 내용을 희석시킬 수 있다는 사실을 다시 확인하는 시간이었다.

프레젠테이션 자료는 명확하게 전달하고자 하는 정보를 담고, 잘 보이게 만드는 것이 우선이다. 그 방법에 대해서는 다음 장의 프레젠테이션 자료 작성 원칙에서 다루기로 한다.

둘째, 프레젠테이션을 준비하면서 컴퓨터를 켜고 유사하거나 기존에 사용했던 자료를 기준으로 하지 말고, 프레젠테이션의 디자인이 끝나고 나서 필요한 정보를 수집하고 자료를 작성하라. 물론 기존에 다른 사람이나 자신이 작성했던 파일을 여는 것도 디자인이 끝나고 나서 해야 한다. 프레젠테이션의 디자인을 하기 전에 자료를 열거나 정보 수집을 하게 되면 기존 자료에 얽매이는 것을 자주 볼 수 있다.

전국 규모의 프레젠테이션 대회의 심사위원으로 참여한 적이 있다. 예선을 거쳐 본선에 진출하면 어느 리조트에 팀별로 모여 주제를 부여받고 하루 만에 준비를 마치고 대회를 치른다. 팀 내의 역할이 프레젠테이션 담당, 정보 수집 담당, 자료 작성 담당, 프레젠테이션 전문(스크립트) 담당으로 정해져 있는 게 일반적이다. 상당수의 팀이 이를 동시에 진행하는데, 이러다 보니 수집된 정보가 본인들의 주장과 크게 관련이 있지도 않은데 정보 자체가 주는 신선함, 영향력이 있다 보니 이를 버리지 못한 것이 나타나기도 했다. '차라리 팀원 전부가 모여 디자인을 먼저 했다면 어땠을까?' 하는 아쉬움이 있었다.

디자인을 마치고 나서 필요한 정보를 수집하는 것이 시간도 절약되고 일관성 있는 발표를 진행할 수 있었을지도 모르겠다는 생각을 자주 하게 된다. 사용되는 정보의 힘이 설득력을 높여주고 프레젠테이션의 수준과 결과에 영향을 미친다는 것은 부정할 수 없다. 그러나 발표는 어떤 정보를 전달하려는 것이 아니라 그런 정보를 활용해 청중을 설득하는 전달하고 싶은 메시지가 더 중요하다. 아무리 새롭고 충격적인 정보도 전달해야 할 메시지보다 중요하지 않다. 이런 오류를 범하지 않기 위해서라도 '내가 어떤 메시지를 어떤 스토리로 전해야 하는지'에 대해 정하고 자료 만들기를 해야 한다.

마지막으로 안정적인 전달력 Delivery Skill을 확보해야 한다.

뛰어난 발표력을 구성하는 것은 무엇일까? 유창한 언변? 뛰어난 외모?

설득력 있는 목소리? 확실한 발음, 자신감 있는 제스처? 물론 이런 것을 보유하고 있다면 그 사람은 훌륭한 발표자가 될 선천적인 자질을 가지고 있다고 할 수 있다. 그러나 이런 선천적인 자질을 가지고 태어난 사람은 몇 명이나 될까?

14년째 프레젠테이션, 스피치, 강의스킬을 강의하고 훈련시킨 경험에 의하면 이런 것들을 다 가지고 태어난 사람은 정말 적다는 확신이다. 그렇게 뛰어난 자질들을 가지고 태어났다면 그런 일을 하고 살아야 한다. 강연, 방송 또는 정치를 통해 많은 사람을 설득하고 교화하는 일을 직업으로 삼고 있어야 한다.

그러나 이 책을 읽고 있는 당신은 아마도 프레젠테이션이 당신 일의 아주 일부일 것이고, 어쩌다 맡은 발표가 당신의 머리를 아프게 하고, 잠이 오지 않거나, 프레젠테이션 걱정으로 다른 일이 손에 잡히지 않는 경험을 하는 평범한 사람일 것이다.

심지어 나 또한 이와 관련된 강의와 트레이닝 그리고 책을 쓴 지 10년이 넘었으나 아직도 사람들 앞에 서기 전에 긴장하고 회사의 경영에 큰 영향을 미칠 것 같은 중요한 경쟁 프레젠테이션을 앞두고 잠을 이루지 못하며, 식사를 거르기도 하는 자신을 발견하고 놀라기도 한다. 가끔은 좋은 목소리를 가지고 있는 교육 참가자를 보면서 부럽기도 하고, 사람들 앞에 서서 긴장하지 않는 참가자를 어떻게 가르쳐야 할지 고민하기도 한다.

그렇다면 우리는 어떤 수준의 전달력을 목표로 해야 할까? '천릿길도 한 걸음부터'라는 속담처럼 우선은 '뛰어난'이 아닌 '안정적인'을 목표로 하자. 안정적으로 전달해야 할 정보와 설득 메시지를 전달하는 것 그것이 발표를 잘할 수 있는 첫걸음이다. 프레젠테이션 초기의 긴장을 극복하고, 정리된 스토리로 메시지를 전하며, 적절하고 안정적인 속도와 기본적인 제스처, 시선을 사용하는 수준이다. 이렇게 경험을 쌓고 난 다음, 천천히 욕심을 내어보자. 기본에 충실할 수 있는 수준이 되면 자신감도 생기고 어떤 요소에 좀 더 힘을 줘야 할지 알 수 있을 것이다. 발표와 관련된 학습을 마치고 나면 학습 참가자들에게 전하는 말이 있다.

"이틀 동안 여러분의 발표력이 얼마나 늘었다고 생각하십니까? 저는 여러분이 이틀 동안 향상된 것보다 더 중요한 것이 있다고 생각합니다. 바로 관심을 가지고 용기를 내서 실천하면 개선될 수 있다는 자신감, 그게 이번 학습의 포인트입니다. 이제 여러분은 이틀 동안 저와 프레젠테이션을 잘하기 위해서 무엇에 관심을 가져야 하는지, 자신은 어떤 것을 더 시도해보고 연습해야 하는지를 알고 그런 것들을 시도했을 뿐입니다."

이렇게 한 사람의 프레젠테이션 능력은 절대로 한 가지에 의해 좌우되지 않는다. 그냥 내가 잘하는 것에 충실하다면 나머지 부족한 능력을 보완할 수 있다. 단 내가 약한 부분에 대해서 손을 놓고 있으면 안 된다. 특히 전달스킬에 대해서는 실전에서 보여지는 것이므로 좀 더 훈련해야 하고 일정 수준은 도달한다는 각오로 임해야 한다.

이 책에서 우리는 처음에는 안정적으로 프레젠테이션을 수행하고 이후로 지속적인 개선을 위한 여러 가지 이야기를 해갈 것이다. 분명 당신은 발표를 잘할 수 있는 요소를 한 가지 이상 가지고 있다. 그러므로 본인이 아직 가지고 있지 않거나 약점이라고 생각할 수 있는 요소를 조금만 개선해도 당신의 프레젠테이션은 주변 사람들이 뚜렷하게 인식할 수 있을 만큼 달라질 것이라는 확신을 갖기 바란다.

PRESENTATION

프레젠테이션
자료 작성의 기본을 지킬 것

우리가 할 수 있기 전에 배워야 하는 일들을, 우리는 하면서 배운다.

-아리스토텔레스

김 대리는 전 사원 앞에서 볼링동호회를 소개하고 회원을 모집해 프레젠테이션 하는 기회를 얻게 되었다. 회원 모집을 위해서 여성 회원 대표로 김 대리가 나서서 프레젠테이션 하기로 했기 때문이다.

김 대리는 막중한 책임감을 느끼고 볼링동호회를 홍보하기로 했다. 우선 볼링이 얼마나 좋은 운동인지를 알리기 위해 운동 효과, 동호회 소개, 동호회에 가입하면 얻을 수 있는 특전, 가입 절차 순으로 프레젠테이션 하기로 했다.

전 사원이 강당에 모이는 만큼 파워포인트를 활용하기로 하고 자료를 작성하였다. 김 대리는 짧은 시간이 주어져 있기 때문에 가능한 많은 내용을 파워포인트 자료 안에 넣었다. 운동 효과에 대한 자료를 최대한 많이 수집하여 작성하고 동호회의 연혁을 꼼꼼하게 작성하였다.

드디어 프레젠테이션이 시작되었다. 김 대리는 발표를 진행하면서 자료를 보여주면서 이야기했다. 그러나 잠시 후 강당 뒤쪽에 앉은 청중은 관심을 보이지 않고 웅성거리기 시작했다. 뒤쪽에 앉은 사원들은 '도대체 뭐라고 씌어 있는 거야?'라며 짜증을 내기 시작했다. 가능한 한 많은 내용을 넣으려고 노력한 김 대리의 욕심이 글자의 크기, 자료의 크기를 줄였고, 뒤에 앉은 사람들에게는 보이지 않게 한 것이다.

현재 파워포인트와 같은 프레젠테이션 매체의 활용은 일반화되었다. 예전처럼 그냥 말로 하는 발표보다는 효과가 있다고 여겨지기 때문이다. 또한, 현대인들은 매체에 아주 익숙하므로 더 큰 효과를 얻을 수 있다.

연구 결과에 의하면 말로 전달하는 정보보다는 시각 자료를 통해 전달하는 정보가 더 기억에 오래 남고, 말과 시각 자료를 함께 활용해 전달하는 정보가 훨씬 더 오래 기억이 남는다고 한다. 결국, 시각 자료를 적절하게 잘 활용하면 더 효과적인 프레젠테이션을 할 수 있다.

그러나 실제 많은 이들이 프레젠테이션 자료를 활용하는 모습을 보면 화려하고 멋지지만 오히려 너무 튀어 프레젠테이션 주제를 흐리거나, 너무 복잡해서 보기 어려운 일도 있다. 잊지 말아야 할 것은 프레젠테이션 자료는 어디까지나 발표를 도와주는 보조적인 도구라는 사실이다. 자료를 잘 만들었다는 칭찬보다 발표를 잘했다는 평가를 받기 위해서는 프레젠테이션과 어울리는 자료를 만들어야 한다. 이를 위해서는 다음의 원칙을 지키는 것이 좋다.

가. 한 장의 슬라이드에는 하나의 메시지만을 사용한다

'한 장의 슬라이드에는 하나의 메시지만을 넣는 것'이 좋다. 예를 들어, 한 장의 슬라이드에 '운동의 효과와 주의사항'을 같이 작성해서 발표하면, 발표자는 운동의 효과에 관해서 이야기하고 있는데 청중은 이미 주의사항까지 읽어버리기 때문이다.

결국, 아무리 뛰어난 설명이라 하더라도 이미 한 번 읽은 내용에 대한 설명은 그리 효과적이지 않다. 여러 메시지를 한 슬라이드에 담게 되면 글씨가 작아지고 화면도 복잡해진다. 그러므로 차라리 슬라이드 수를 늘리는 것을 선택하더라도 한 장의 슬라이드에는 하나의 메시지만을 넣도록 한다.

나. 글자는 크고 문장은 간단하게 한다

가끔 인쇄용 문서를 작성하는 것처럼 자질구레한 설명까지도 프레젠테이션 자료에 넣어서 발표하는 데, 그러다 보면 글자의 크기가 작아져서 뒤에서는 보이지 않게 된다. 아무리 뛰어난 언변의 발표자라 하더라도 사용한 프레젠테이션 자료의 글씨가 보이지 않으면 청중은 쉽게 집중하지 않는다. 또한, 문장의 길이가 길어지면 청중은 그 문장을 다 읽으려고 시도한다. 결국, 발표자에게 주의가 집주오디지 못하고 분산되게 된다.

일반적으로 전문가들은 슬라이드 작성을 효과적으로 하기 위해 '366 원칙'을 지키라고 충고한다. 366은 3컬러Color, 6라인Line, 워드Words를 뜻한다. '한 슬라이드에는 3가지 색을 사용하고 줄은 여섯 줄을 넘지 않으며, 한 줄은 여섯 단어 이내로 작성하라는 것'이다. 물론 이 원칙을 지키기 위해서 억지스러운 자료를 만들 필요는 없다. 하지만 가능한 이 원칙을 지키려고 하다 보면, 보기 좋고 발표자의 프레젠테이션을 도와줄 수 있는 자료를 만들 수 있다.

다. 통일된 규격을 갖춘 자료가 프레젠테이션의 효과를 높인다

프레젠테이션 자료는 일정한 규격을 갖추어서 제작해야 한다. 그 자료의 종류가 슬라이드 쇼를 위한 것이든, 배표를 위한 것이든 모든 페이지가 일정한 규격을 갖추고 있는 것이 청중에게 더 강한 인상과 발표의 흐름을 원활하게 하는 효과가 있다.

슬라이드나 페이지가 바뀔 때마다 다른 양식을 사용하게 되면 보는 청중에게 앞장과 연결이 되지 않는 혼란을 줄 수도 있기 때문이다. 요즘 많이 사용하는 파워포인트나 여러 워드프로세서는 각 장의 양식을 통일하기는 쉬울 것이다. 간과하기 쉬운 것이 번호나 글머리를 사용하는 것이다. 장 마다 통일된 번호나 글머리를 사용하고 글자의 크기도 통일하는 것이 좋다. 이 외에 페이지 번호를 삽입하게 되면 청중도 프레젠테이션의 진행 정도를 파악하여 지루함을 덜할 수 있으며, 발표자 역시 시간 관리를 쉽게 할 수 있어서 여러 가지로 도움이 된다.

라. 슬라이드 효과는 필요한 것만 목적을 가지고 사용한다

가끔 프레젠테이션에서 처음부터 끝까지 슬라이드 효과를 사용하는 일을 보게 된다. 굳이 강조할 필요가 없는 것도 슬라이드 효과를 사용하여 도대체 무엇을 강조하고 있는 것인지 모르게 되는 때도 있다. 너무 다양한 효과를 통해 어지러움을 느끼게 되기도 한다. 슬라이드 효과를 사용하는 이유는 크게 3가지가 있다.

첫째, 청중의 관심을 현재의 프레젠테이션 내용에 맞추기 위해 사용한다. 만일 다음 내용이 미리 나와 있으면 청중이 발표자의 프레젠테이션 내용보다 먼저 가기 때문에 이를 방지하기 위해 사용한다.

둘째, 강조를 통해 강하게 인식시키기 위해서 사용한다. 매우 중요한 내용이거나 다른 내용은 몰라도 이것을 기억시키기 위해서 사용하는 것이다.

마지막은 청중의 지루함을 달래거나 관심을 끌기 위해서 사용한다. 프레젠테이션이 길어지게 되면 청중의 집중력은 점점 떨어지게 되는데, 이럴 때 음향효과를 동반한 슬라이드 효과를 사용하여 흐트러진 청중의 관심을 그러모은다. 슬라이드를 제작할 때 이 3가지의 목적에 부합되는지 잘 점검해보기 바란다.

마. 텍스트를 다른 형태로 바꿀 수는 없는지 고민한다

지나치게 텍스트 위주로 자료를 작성하게 되면 청중은 지루함을 느끼게 될지도 모른다. 그래서 도표나 차트를 사용할 수 있다면 이런 것을 활용하는 것이 좋다. 더구나 도표나 차트는 내용에 대해 청중이 더 신뢰하도록 유도할 수 있다.

바. 객관적인 데이터를 사용할 때는 출처를 표시한다

데이터를 통해 청중의 신뢰를 확보하기 위해서는 이미 신뢰도가 검증된 자료를 사용하는 것이 좋다. 신문기사, 방송내용, 전문잡지에서 발표한 자료와 같이 청중이 내용의 사실 여부에 대해 의심하지 않을 자료를 사용하는 것이다. 이런 자료를 사용할 때에는 출처를 표시함으로써 신뢰감을 확보할 수 있다.

프레젠테이션 자료는 그 형태와 상관없이 발표를 도와주는 보조 도구이다. 프레젠테이션 자료가 주가 되어 발표에서 전달하고자 하는 핵심을 놓치게 해서도 안 되며, 신뢰성 없는 자료 때문에 프레젠테이션 자체가 의심받아서도 안 된다. 프레젠테이션 자료를 통해 발표를 효과적으로 진행할 수 있는 여러 가지 원칙들을 지켜야 한다. 프레젠테이션 자료에 대한 의존도는 최대한 낮춰야 한다. 결국, 프레젠테이션의 경쟁력은 발표자의 프레젠테이션 능력에 달려 있다.

PRESENTATION

프레젠테이션의 목표를 명확하게 할 것

최고가 되기 위해 가진 모든 것을 활용하세요.
이것이 바로 현재 제가 사는 방식이랍니다.

-오프라 윈프리

당신이 지금 회사의 인사시스템 개선안에 대한 제안 프레젠테이션을 하고 있다고 가정해보라.

"현재 회사의 인사시스템에는 여러 가지 문제가 있습니다. 그 문제를 간단하게 말씀드린다면 성과에 대한 평가와 보상 시스템이 조직원들이 공정하다고 느끼지 못하는 것과 승진 체계에 미치는 영향이 미비하다는 것입니다. 이런 현상에 대한 조직원들의 인식 정도에 대해 조사 결과를 보면 약 70%의 조직 구성원이 매우 불만 또는 불만을 가진 것으로 나타나고 있습니다.

또한, 기회가 된다면 다른 조직으로 옮기고 싶다고 생각하는 구성원 비율이 10%를 넘는 것으로 나타나 심각한 기회비용의 상실로 연결될 우려를 낳게 합니다. 이런 상황을 볼 때 제가 제안하는 새로운 시스템의 적용이 필요하다 하겠습니다."

그러자 프레젠테이션 도중에 인사팀장이 손을 들었다.

"잠깐! 우리 회사 직원의 70%가 인사시스템에 대한 불만을 품고 있고, 10%가 이직 의도를 가지고 있으며, 평가와 보상 그리고 승진체계에 대해 불만이라고 했는데 구체적으로 어떤 항목에 대한 불만이었습니까?"

"예, 주로 급여와 성과에 대한 인센티브의 공정성이 확보되지 않은 것에 대한 불만이었습니다."

"발표자가 생각할 때, 우리 회사의 급여가 동종 업계의 다른 회사와 비교해 낮다고 생각하십니까?"

"글쎄요, 그건 아닌데요. 잘 모르겠습니다. 오늘 프레젠테이션 내용은 그것이 아니라…."

결국 프레젠테이션 발표장은 인사시스템 개선안에 대한 프레젠테이션을 하는 곳이 아니라 인사시스템의 문제점에 대한 토론장이 되어가고 있었다.

프레젠테이션은 언제나 목표를 가지고 있다. 발표를 듣는 청중의 변화를 유도하는 것이다. 프레젠테이션 이후 청중의 변화가 없다면 발표 그 자체는 의미가 없다. 그러나 많은 프레젠테이션이 발표 그 자체를 목표로 삼고 있는 경우가 많다. 그러다 보니 실제 발표자들은 프레젠테이션을 진행하는 스킬과 자료에 대한 걱정만 한다. '프레젠테이션을 잘할 수 있을까? 실수하지는 않을까?' 이런 것들을 염두에 두고 발표 준비를 하다 보면 긴장감만 더해지고 스킬에 신경 쓰다 보면 프레젠테이션은 잘했는데 정작 얻어야 할 결과를 놓치는 일이 많다. 또한, 세련된 프레젠테이션 기법을 발휘하다 보니 전달되어야 할 내용이 발표자의 현란한 스킬에 가려버리는 경우도 많다. 가끔은 프레젠테이션에 제시된 정보나 자료가 발표 현장의 주된 이슈로 변해버려 주제를 이탈해버린 상태로 끝나버리기도 한다.

프레젠테이션 자체는 조금 서툴고 어색했지만, 목표를 달성했다면 그 발표는 성공적이다. 그렇다면 주제와 목표를 바르게 설정하고 그것에 맞게 준비하기 위해서는 어떻게 해야 할까?

가. 프레젠테이션 후 청중의 변화를 구체적으로 묘사한다

이 작업은 매우 중요한 의미를 가진다. 회사의 인사시스템 개선에 관련된 제안을 발표하는 상황이라면 프레젠테이션을 한 다음 청중은 어떻게 변화해야 할까? 아마도 프레젠테이션을 듣고 심각하게 현재의 인사시스템에 대해 분석하고 고민에 빠질 수도 있다. 그러나 이 발표는 목표를 달성하지 못한 것이다. 많은 프레젠테이션이 이렇게 문제만 던져 놓고 마무리 짓지 못하는 때도 많다. 목표를 달성한 발표라면 의사결정자들이 당신이 제안한 인사시스템 개선안을 적용할 것인지 말지를 고민하게 해야 한다.

전자는 인사시스템 개선이 필요하다는 문제를 지나치게 강조한 경우이다. 물론 개선안을 제안하기 위해서는 필요성을 인식시켜야 하겠지만 지금 당신의 목표는 새로운 개선안을 수용하게 해야 한다.

사실 이런 프레젠테이션은 문제보다 해결안에 집중해야 한다. 문제를 지나치게 강조하면 자칫 목표를 벗어나 버리기 쉽다. 이 프레젠테이션이 끝나고 나면 당신이 제안한 인사시스템 개선안의 효용 가치를 인식하고 적용할 때 발생하는 여러 가지 장·단점을 고려하게 한다.

프레젠테이션의 목적은 이렇게 정하라. '어떤 것을 전달하고 어떤 것을 강조한다.' 이런 목표는 발표자 위주이다. 프레젠테이션은 엄격히 말하면 청중 위주의 활동이다. 올바른 프레젠테이션의 목표는 '발표를 듣고 난 청중이 이렇게 한다'처럼 만들어져야 한다. 청중이 어떻게 '생각한다', '느낀다', '고려해본다', '행동한다', '즐거워한다', '심각함을 느낀다', '행동을 바꾼다'와 같은 것이 프레젠테이션의 목표이다. 프레젠테이션은 당신이 하는 것이지만 프레젠테이션의 목표는 청중을 위한 것이어야 한다.

나. 청중이 변하기 위해서는 어떻게 느껴야 할지를 연구한다

청중의 입장에서 그런 변화를 실행에 옮기기 위해서는 어떤 느낌이 들어야 할 것인가를 고민하라. 앞의 사례는 청중은 지금 인사시스템의 문제가 심각하다고 느끼기보다 당신이 제안한 새로운 개선안이 장점이 있고, 적용해보고 싶다는 매력을 느껴야 한다. 개선안이 적용되었을 때 많은 직원이 만족해하고 사기가 올라가는 상황을 그려보게 하는 것이 가장 바람직하다. 우리는 대중을 선동하는 훌륭한 연설가가 될 필요는 없지만, 프레젠테이션을 듣고 있는 청중을 잠시 상상 속에 빠지게 할 정도의 발표는 준비하기에 따라 가능하다. 탁월한 발표자와 일반적인 발표자의 차이는 여기에 있다.

다. 어떤 정보를 제공해야 효과적일지를 파악한다

남을 설득하는 프레젠테이션은 많은 요소가 고려되어야 한다. 프레젠테이션 내용과 발표자 모두가 중요하다. 특히 프레젠테이션 내용의 객관성을 증명해줄 수 있는 정보를 제공할 수 있어야 한다. 어떤 정보를 제공할 것인지 우선 사용할 정보를 수집하고 나열한 다음 제공하는 방법을 결정하라. 말로 설명할 것인지, 텍스트로 준비할 것인지, 시각 자료로 준비할 것인지, 아니면 시청각 자료로 준비할 것인지를 결정하라.

인사시스템 개선안의 필요성과 당위성은 말로 강조하는 것보다 유사한 시스템을 적용해서 성공한 기업의 사례를 활용하는 것이 효과적일 것이다. 그보다 그 사례가 소개된 매체(신문, 잡지, 방송)를 보여주는 것이 더욱 좋다.

라. 좋은 목표는 다음과 같은 것들을 충족시켜야 한다

첫째, 프레젠테이션 종료 후 발표자가 달성하고자 하는 것이 명확해야 한다. 다시 말해 목표에는 청중이 믿거나, 느끼거나, 행동하기를 바라는 바를 구체화하여 담고 있어야 한다. 예를 들어 판매를 목표로 하는 프레젠테이션(일반적으로 세일즈 프레젠테이션이라고 불리는)이라면 분명히 제품에 대한 신뢰를 기반으로 최종적인 목표는 구매 행동을 끌어내야 한다. 그렇게 분명한 목표를 가지면 발표자는 프레젠테이션을 마치면서 강하게 '사 달라'는 메시지를 포함해야 한다. 그러나 실제로 세일즈 프레젠테이션에서는 발표자들이 그런 메시지를 강하게 전달하기보다는 본론 내용을 충실히 전달하고 판단을 청중에게 맡기는 소극적인 태도를 보이는 것을 많이 접하게 된다.

둘째, 프레젠테이션을 통해 달성하고자 하는 목표가 청중의 관심과 수준을 고한 것이어야 한다. 청중의 관심 수준이 높으면 행동을 유도하고, 관심 수준이 낮으면 관심을 유도하는 데 우선순위를 부여해야 한다. 솔직히 낮은 관심을 끌어올려 행동까지 끌어내는 프레젠테이션은 성과를 내기가 정말 쉽지 않다.

금연교육이 본격적으로 시작되던 초기에 썩 좋은 성과를 내지 못한 것도 목표설정이 잘못되었기 때문일 때가 많다. 금연교육의 목표는 어느 수준이 적합할까? 한 번의 금연 강의를 통해 담배를 바로 끊는 것이 가능할까? 아마도 한 번의 금연교육을 통해서 청중이 가질 수 있는 변화는 '한 번 끊어볼까?' 혹은 '끊는 것이 좋겠다'는 주의환기 수준일 것이다. 그런데 너무 의욕적인 목표 수준을 가지고 하다 보니 자극적인 정보를 제공하였다. 폐암에 걸린 환자의 폐 사진을 보여주면서 '○년간 흡연한 환자의 폐 사진'이라고 정보를 전달하거나, '흡연한 사람이 금연하더라도 원래 흡연하기 전의 건강상태를 회복하려면 흡연 기간의 2배의 시간이 필요하다'는 정보를 전달한다.

과연 흡연자들이 이런 정보를 접하고 나면 '아, 내가 얼른 끊어야 하겠다'라고 생각하는 사람이 많을까, 아니면 좌절하거나 포기하는 사람들이 많을까? 현재 청중의 수준을 고려해서 최종목표까지의 단계를 나누고 현재 수준보다 조금 높거나 의욕적인 목표라면 그 바로 위의 수준을 설정하는 것이 좋다.

셋째, 프레젠테이션의 목표와 시간을 고려해 제한된 시간 내에 달성

될 수 있는 목표이어야 한다. 가끔 너무 의욕적인 목표를 가진 발표자가 시간 관리를 잘하지 못해 준비한 내용을 다 전달하지 못하거나, 정해진 시간을 초과해 청중의 집중력이 떨어져 발표를 망치는 경우를 본다. 과유불급過猶不及이라는 말처럼, 너무 의욕적인 목표는 소극적인 목표보다 못할 수가 있음에 유의해야 한다.

프레젠테이션의 목표를 중요하게 생각하고 분명하게 하라. 발표는 목표를 달성해야 하며, 그 목표를 달성하기 위한 설득이 중요하다. 프레젠테이션이 끝난 다음에 얻어야 할 결과를 구체적이고 명확하게 설정하고 발표를 준비하라. 그리고 그 결과를 얻기 위해서는 무엇을 발표할 것인지 결정한 다음 어떻게 발표할 것인지를 결정한다. '어떻게 발표할 것인가'보다 중요한 것이 '무엇을 발표할 것인가'이다.

PRESENTATION

★ ★ ★ PART 2 ★ ★ ★

프레젠테이션 성공을 좌지우지하는 도입부, 성공으로 이끄는 법

PRESENTATION

성공을 예견하는 인사법은 따로 있다

친절한 말은 짧고 하기 쉽지만,
그 울림은 참으로 무궁무진하다.

-테레사 수녀

프레젠테이션 교육, 강사양성 교육에서는 실습도 한다. 자신이 준비한 내용으로 같이 교육에 참여한 사람들 앞에서 모의 프레젠테이션, 모의 강의를 하는 것이다. 이럴 때에 많은 사람이 앞에 나와서 하는 첫마디는 대부분 "여러분, 만나서 반갑습니다"이다. 그러나 아무리 봐도 그 사람은 청중을 만나서 반가운 것 같지 않은 느낌을 줄 때가 많다. 그냥 남들이 하니까, 가장 무난하니까, 특별히 할 말이 생각나지 않으니까 던지는 말일 뿐이다. 그러면 뒤에서 관찰하던 나는 까칠하게 한마디를 던진다.

"정말 반갑기는 한 겁니까? 아무리 봐도 반가워 보이지 않습니다. 반가우면 반가운 모습을 하면서 반갑다고 해야 하는 건 아닌가요? 반갑지 않으면 괜히 반갑다고 하지 마세요. 반갑거든 반가운 표정, 신 나는 목소리,

호기심 어린 시선을 담아서 아주 유쾌하게 외쳐주세요. 다시 해봐요."

어쩌면 듣는 이는 기분이 나빠질 수도 있을 것이다. 그러나 프레젠테이션에서 가장 중요한 부분이라고 확신하기에 가끔은 이 '반갑다'는 말을 제대로 할 때까지 몇 번이고 집중적으로 훈련하기도 한다.

사람에 따라서 프레젠테이션의 중요한 요소를 달리 생각할 수 있겠지만 발표를 시작할 때 보이는 자신감과 여유가 프레젠테이션에 대한 청중의 집중력을 좌우하고, 발표의 수준에 큰 영향을 미친다는 확신을 가지고 있다. 이런 여유를 보일 때 청중은 '오늘 프레젠테이션은 들어볼 만하겠다'라는 기대를 하게 된다. 위축된 듯한 모습의 발표자는 기대감을 낮추게 하고 낮아진 기대감은 프레젠테이션의 결과 역시 좋지 않을 것이다. 그럼 프레젠테이션을 시작할 때 여유를 가지고 자신감을 보이는 방법에는 무엇이 있을까?

가. 인사할 때는 절 따로 말 따로 한다

우리가 생활 속에서 인사할 때는 절과 말을 함께 한다. 고개를 숙이면서 "안녕하세요?"라고 한다. 그러나 프레젠테이션할 때는 절을 먼저 하고 나서 말을 하라. 긴장 속에서 절과 말을 함께하면 발표자의 목소리가 한 번 접힌 듯 소리가 난다. 청중 앞에서 처음 던지는 목소리가 평범한 소리가 아닌 꺾인 듯 한 소리가 난다면 좋지 않다. 프레젠테이션의 첫 마디는 매우 중요하다. 절을 한 다음 잠시 여유를 가지고 인사하라.

"안녕하십니까? ○○○에 근무하는 김○○입니다."

나. 인사 후 잠시 멈추고 시선을 한 바퀴 돌린다

전문가들이 좋은 프레젠테이션 스킬에서 가장 먼저 주의 점으로 강조하는 것은 '시선 처리'이다. 그러나 발표의 긴장 속에서 골고루 시선을 분배한다는 것은 사실 말처럼 쉬운 일은 아니다. 특히 머릿속에는 끊임없이 발표의 내용을 생각하고 있고 실수하지 않으려고 조심하는 과정 중에 시선을 돌리기가 쉽겠는가? 그래서 처음에 실수할 것이 없을 때 시선을 한 번 돌리는 것은 이후 발표자의 긴장을 완화하는 데 도움이 된다.

다. 양손을 내밀고 청중을 부른다. 그리고 반갑다고 말한다

양손을 청중을 향해 내밀어보라. 그리고 청중을 부른 뒤 자신 있는 모습으로 외쳐라.

"여러분! (잠시 여백) 만나서 (손을 가볍게 들었다 내리면서) 정~말 반갑습니다."

물론 이때 표정은 웃음을 띠어야 한다. 왜? 반가우니까. '정말'에서 손을 가볍게 들었다가 내리는 이유는 '정말'을 강조하기 위해서이다. 그러면 상대는 '저 사람이 나를 이렇게 좋아하고 반가워하는데, 나도 그만큼 보여주는 것이 예의지'라고 생각하면서 반가운 목소리로 이렇게 답할 것이다.

"반갑습니다."

이로써 드디어 당신은 그들에게 말할 준비가, 그리고 그들은 기꺼이 당신의 말을 들을 준비가 되었다.

PRESENTATION

입장을 별 것이라고 여기면 큰코다친다

지성을 다하는 것이 곧 천도天道이다.

-맹자

“잠깐! 다시 입장하세요.”

“왜요?”

“지금 정면의 국기에 경례라도 하고 나오실 겁니까? 오늘 발표자에게 가장 중요한 사람은 누굽니까?”

“그거야 당연히 청중이지요.”

“그렇다면 누구를 향해 나오셔야 하는 거죠? 청중이잖습니까? 물론 걸어가는 방향은 청중이 아니지만 청중을 바라보면서 입장하세요. 그것도 웃으면서!”

미국의 유명한 성취동기가인 브라이언 트레이시의 강연을 들을 기회가 있었다. 그 강연에 감명을 받았지만 오랜 시간이 흐른 지금도 기억나는 나는 말은 '잇 댓 플로그Eat that frog!'이다. 아침에 일어나 살아있는 개구리 한 마리를 먹고 나면, 그다음부터는 어려운 일이 어려운 일로 느껴지지 않을 것이라는 의미다. 다시 말해 '가장 힘들고 가장 하기 싫은 일부터 하라'는 뜻일 것이다. 이는 우리가 잘 아는 〈톰 소여의 모험〉을 쓴 마크 트웨인의 다음의 말에서 유래한 것이다.

"아침마다 살아있는 개구리 한 마리를 먹어치우면, 나머지 시간에는 더 나쁜 일이 생기지 않을 것이다Eat alive frog first thing in the morning, and nothing worse will happen to you the rest of the day."

충분히 공감하는 말이고 이를 프레젠테이션에 인용해서 교육 참여자들에게 질문해보기도 한다.

"혹시 프레젠테이션 하기 전에 15초 정도 댄스 음악을 틀어 놓고 시작하면 어떨 것 같아요?"

"춤추기 어려워서 그렇지, 춤을 추고 나면 발표의 긴장은 문제가 안 될 것 같습니다."

"그 춤이 바로 처음에 청중과 눈을 마주치는 것입니다."

프레젠테이션을 시작하고 나서 말을 하면서 바로 청중과 눈을 마주치고, 손을 내밀며, 미소를 짓는 것은 쉬운 일이 아니다. 대부분 발표자의 머릿속은 복잡하고 몸은 긴장 상태에 있기 때문이다. 굳이 이렇게 어려운 일을 한꺼번에 할 필요가 없다. 그냥 아무 것도 말하지 않으면서 눈도 마주치고, 웃기도 해보고 인사나 간단한 자기소개처럼 실수할 위험이 없는 말을 하면서 손도 내밀어 보라.

설마 아무리 긴장했어도 '만나서 반갑습니다'를 '전혀 반갑지 않습니다'로 말하거나 자기 이름을 틀리지는 않을 것 아닌가? 놀라운 사실은 이런 과정에서 손을 내밀면 이후에도 손이 비교적 잘 나오고, 이때 웃으면 이후로 표정이 좀 밝아진다는 것이다. 마치 '행복해서 웃는 것이 아니고 웃으면 행복해진다'라는 말처럼, 당신이 좀 덜 긴장한 것처럼 행동하면 긴장이 떨어지는 속도가 그만큼 빨라진다. 긴장감에서 빨리 벗어날수록 당신의 프레젠테이션은 목표에 가까워질 것이다.

'긴장한 상태로 어떻게 웃고, 손을 자연스럽게 내밀 수 있겠어?'라고 생각하지 말고 '긴장했기 때문에 웃고, 손을 내밀어야 한다'고 생각하라. 내용을 기억해 내고 말을 해가는 과정에서 할 수 없는 일을 실수할 위험이 없는 프레젠테이션의 초반에 시도하라. 생각보다 긴장이 줄어들 것이다.

PRESENTATION

떨리는 목소리는 충분히 제압할 수 있다

우리가 할 수 있기 전에 배워야 하는 일들을, 우리는 하면서 배운다.

-아리스토텔레스

"앞이 캄캄해서 아무것도 생각 안 납니다."

"심장이 빨리 뜁니다."

"식은땀이 나죠."

"순서가 생각나지 않습니다."

"빨리 내려가고 싶습니다."

강의 중에 참여자들에게 프레젠테이션 할 때 긴장하면 나타나는 본인의 증상에 대해서 질문하면 이런 대답들이 나온다. 그러나 가장 많이 나오는 대답은 역시 "목소리가 떨립니다"이다.

그러면 다시 묻는다.

"목소리가 스스로 떨 수 있을까요?"

목소리는 스스로 떨지 않는다. 심지어 노래하는 사람들은 떨림 있는 목소리를 만들기 위해서 엄청난 노력을 하기도 한다. 이것을 증명하기 위해서 교육 참여자들에게 앉은 자세에서 '아' 소리를 길게 내면서 목소리를 떨게 해보라고 하고, 손을 잠시 내밀어 손을 떨면서 '아' 소리를 내보라고 한다. 결국, 발표하면서 목소리가 떨리는 것은 신체 일부분이 떨고 있다는 말이다. 그리고 그 떠는 부위는 대부분 다리이다. 긴장해서 다리가 떨리지만 뒤집어 생각해보면 다리를 고정하면 덜 긴장할 수도 있고, 긴장은 했지만 밖으로 표시가 안 날 수도 있다는 것이다.

어느 홈쇼핑 회사의 활동 중인 쇼핑호스트들을 대상으로 프레젠테이션 기술에 대한 강의를 한 적이 있다. 사실 말도 정말 잘하고, 하루하루가 프레젠테이션의 연속인 전문가들이라 그들은 어떻게 이런 긴장을 관리하는지 궁금해졌다.

그들은 역시 전문가였다. 발표하면서 겪는 긴장을 관리하고 표시 내지 않기 위해서 대부분이 다리의 떨림을 줄이는 방법을 쓰고 있었다. 어떤 이는 엄지발가락에 힘을 꽉 주고 방송한다고도 했고, 어떤 이는 무릎, 허벅지 등에 힘을 주고 방송한다고 했다.

이처럼 긴장을 관리하기 위해서는 다리를 관리해야 한다. 일반적으로 안정적인 프레젠테이션을 시작하기 위해서 '3P'를 따르라고 한다. 이 3P는 바로 플랜트Plant, 펄스Pause, 프로젝트Project이다. 플랜트Plant는 '오른쪽 다리를 심어라. 즉 고정해라Plant your right leg'이고, 펄스는 잠시 멈추고 웃어라Pause and smile 즉 '바로 시작하지 말고 잠시 시간을 가지면서 웃어서 여유를 표현하라는 것'이다. 그리고 이런 것들이 갖추어지면서 시작하라Project하라는 것이다. 이런 3P는 긴장을 조절하면서 전체적인 프레젠테이션의 리듬을 갖추는 중요한 요소이다. 또한, 이렇게 여유 있는 발표자의 모습은 청중이 발표자에게 집중하고 신뢰하도록 만든다. 지금부터는 이런 3P를 갖추는 방법에 대해 알아보자.

가. 짝다리로 서서 말해본다

프레젠테이션 기술을 강의하면서 교육 참여자들에게 강조하는 것 중 하나는 '짝다리로 서게 하는 것'이다. 짝다리의 느낌이 좋지 않기 때문에 짝다리로 서라고 말하면 다들 의아해한다. 그런데 반드시 짝다리를 사용하라고 강조한다. 그렇다면 여기서 짝다리를 정의해보아야 한다. 짝다리란 '체중의 상당 부분을 한쪽 다리에 집중시키는 것'이다. 한쪽 다리는 힘이 잔뜩 들어가서, 한쪽 다리는 힘이 빠져서 안정된다. 그러나 우리가 일반적으로 알고 있는 짝다리를 짚고 서서 프레젠테이션 하면 청중은 무시당한 느낌, 발표자에 대한 부정적인 느낌이 들게 된다. 여기에서 생각의 전환을 해보자. 짝다리는 꼭 옆으로 서야 하는가? 혹시 앞뒤로 짝다리를 짚으면?

놀랍게도 한쪽 발을 다른 발보다 약간 앞으로 내밀어 뒤쪽의 다리에 체중을 싣게 되면 다른 사람들은 그 모습을 짝다리로 인식하지 못한다. 떨리는가? 그럼 짝다리를 짚어보라.

나. 발의 각도를 조정한다

다리를 떨리지 않게 하는 또 다른 방법은 설 때 발의 각도를 서로 다르게 하는 것이다. 그렇게 되면 다리에 약간 힘이 들어가 떨리는 것을 줄일 수 있다. 그림 1이나 그림 2처럼 정면을 기분으로 양발의 각도가 같게 되면 다리가 잘 떨린다. 그러나 그림 3처럼 양발의 각도를 약간 어긋나게 서고, 앞·뒤로 엇갈리게 하면 그렇게 신경 쓰지 않아도 다리에 약간 힘이 들어가 떨리는 것을 많이 줄일 수 있다.

발의 각도 조절

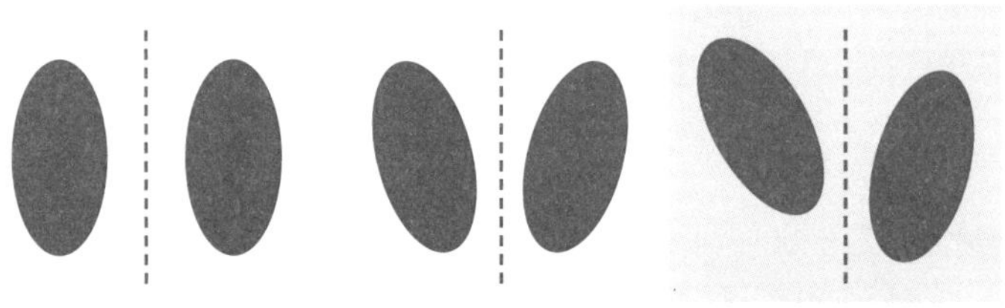

그림1 효과적이지 않은 발 모양

그림2 효과적이지 않은 발 모양

그림3 **효과적인 발 모양**

의외로 긴장을 줄이는 방법은 간단하다. 프레젠테이션의 시작단계에서 인사할 때는 발 모양이 정중해야 하므로 각도를 조절하기 어렵겠지만, 본 내용으로 들어가서 자리를 잡고는 이 자세를 취하면 초반에 겪게 될 긴장을 줄이거나 긴장을 표출시키지 않는 데 도움을 줄 수 있을 것이다.

다. 억지로라도 웃으면 긴장이 풀린다

'행복해서 웃는 것이 아니라 웃으니까 행복해진다'라는 말이 있다. 발표에 있어 긴장도 마찬가지이다. 긴장해서 웃지 못하기도 하겠지만 웃으면 긴장이 감소한다. 사진작가로 시작해서 지금은 유명한 강사이기도 한 니컬러스 부스먼은 웃기 위해서 사람들 앞에 서기 전에 거울을 보면서 자신의 거울 속 모습에 "좋았어(나이스,Nice)!"라고 외치라고 한다. 프레젠테이션 전에 이런 긍정적인 코드의 입력은 자신감을 갖추는 데 도움이 된다. 그러나 여기서 멈추지 말고 발표를 시작하면서도 이런 작업이 필요하다.

사람들 앞에 서서 바로 프레젠테이션을 시작하지 말고 잠시 머릿속으로 '좋았어'를 외쳐라. 실제 지금 이 순간 당신이 아주 좋은 기회를 얻었고, 당신의 모습을 청중은 멋있다고 생각할 것이다. 이 발표가 끝나고 나면 당신은 능력에 대해 인정받을 것이고 사람들은 당신의 제안에 동의할 것이기 때문이다. 프레젠테이션에 임하는 사람의 긴장은 발표가 진행되면서 감소하게 된다. 결국, 프레젠테이션 초기에 긴장을 안 할 방법은 없다. 다만 긴장하고 있지 않은 것처럼 보이면 된다. 그러다 보면 긴장이 사라진다.

앞서 잠시 이야기하였듯이, 가끔 사람들이 '사람들 앞에서 이야기하는 것이 직업인 당신은 프레젠테이션을 할 때 긴장과는 거리가 멀겠다'라고 이야기하고는 한다. 1년에 많게는 200일 이상을 사람들 앞에 서는 것이 직업이니 모르는 사람들은 그렇게 생각하는 것이 당연하겠지만, 현실은 그렇지 않다. 오히려 강의가 직업인 탓에 강의 결과에 의해 생업이 결정되니 오히려 더 긴장하고 더 준비하는 것이 현실이다. 또한, 다양한 업종과 계층의 사람들을 만나니 더 신경 써야 할 것이 많다. 그래서 처음 대하는 업종이나 사람들을 만나면 평소보다 더 긴장하기도 한다. 이럴 때 가장 좋은 방법은 초반에 인사하고 동기부여하기 위한 말을 하면서 계속해서 '잘했어', '좋아'를 외치기도 한다.

PRESENTATION

아무 옷이나 입어도 프레젠테이션만 잘하면 된다는 건 착각이다

옷을 차려입는 것은 좋은 아이디어가 없을 때 불가피한 선택이다.
능력 없는 사업가가 '정장'으로 유명한 것은 우연이 아니다.

-폴 그레이엄

한 해 동안 제안과 프로세스 개선 우수 부서로 선택되어 전 직원 앞에서 우수사례 발표를 맡은 고 과장은 고심하고 있었다. 프레젠테이션 내용이야 팀원들과 상의해서 결정하고 자료까지 다 만들어서 리허설도 잘 끝냈지만, 다음 날 프레젠테이션에 입고 나갈 옷이 문제였다.

품질 부서에서 근무하기 때문에 평소에는 간편 복장으로 근무하고 필요하면 회사 유니폼을 입고 있지만 다음 날은 특별했기 때문이었다. 사장님께 상도 받아야 하고, 우수사례 발표도 해야 하는데 이왕이면 좀 다른 의상이 필요한 것 같았다.

부서원들과 상의도 하고 여기저기 자문한 끝에 양복을 입기로 한 고 과장은 다음 날 양복을 입고 출근했다. 평소 유니폼을 입은 모습에 익숙한 부서원들과 회사 내 지인들이 "야! 고 과장 멋진데? 무슨 일 있어?", "과장님, 그렇게 입고 있으니 다른 사람처럼 보여요"라며 관심을 표현해 주었지만, 막상 본인은 무척 어색했다.

누군가가 웃기만 해도 본인의 옷을 보고 웃는 것처럼 느껴지다 보니 프레젠테이션 내내 사람들이 본인의 의상에 관심을 두는 것처럼 신경이 쓰였고, 본인 역시 불편함을 감추지 못했다. 무슨 정신으로 발표를 마쳤는지 모르게 프레젠테이션을 마치고 내려오면서 '다시는 양복을 입고 프레젠테이션 하지 않으리라' 하고 결심했다. 그러나 정작 다른 사람들은 다르게 느꼈다. 프레젠테이션에 대한 고 과장의 특별한 관심과 정성이 나타났고 무게감도 느꼈다. 그 프레젠테이션에서 불편한 사람은 고 과장 한 사람이었다.

프레젠테이션의 경쟁력은 발표자와 관련된 모든 것에 의해 결정된다. 성공적인 프레젠테이션을 원한다면 의상에도 관심을 기울여야 한다. 프레젠테이션을 앞두고 발표 준비보다 의상에 신경이 쓰이는 경우가 있다. 대중 앞에 선다는 것은 누구나 두렵고 긴장되며 평소에 신경 쓰지 않던 사소한 것까지도 걱정될 수 있다.

프레젠테이션에서의 의상은 중요하다. 그러나 걱정의 대상이 될 만큼 프레젠테이션에 영향을 미치는 것은 아니다. 다시 말해 적절한 의상을 갖추면 그렇게 큰 도움이 되지 않지만, 적절하지 않은 의상을 입었을 때 미치는 파장은 매우 크다. 그렇다고 잘해봐야 본전이라는 말은 아니다. 만일 본인이 어색한 의상을 필요에 따라 입어야 한다면 이왕이면 리허설도 그 의상을 입고 해보는 것이 좋다.

프레젠테이션 시에는 발표내용에 영향을 미치지 않을 만큼의 차림새가 가장 좋다. 물론 프레젠테이션의 성격에 따라서 다르긴 하지만 의상이 발표내용보다 앞서는 것은 위험하다.

가. 보수적인 의상이 무난하다

얼마 전 창의력을 강의하는 후배가 창조적이고 개성적인 의상을 입고 강의했다가 보수적인 교육 참가자들이 교육 후 작성한 설문에 교육 내용보다 강사의 의상에 대해 더 많은 이야기를 했다는 말을 들었다. 이처럼 의상으로 관심을 끌게 되면 프레젠테이션의 본 내용이 상대적으로 가려진다. 특히 청중의 취향과 생각은 다양하기 때문에 어떤 의상에 대해 생각과 느낌도 다양하다. 그래서 의상은 좀 보수적일 필요가 있다.

조금 유행이 떨어질 수도, 패션 감각이 뒤처지게 보일 수는 있다. 그렇지만 튀는 의상이 부정적으로 느낄 수 있는 사람이 있거나, 그 의상 때문에 청중의 머릿속에 프레젠테이션 내용이 아닌 다른 생각이 들게 하지 않는 것이 좋다. 격식을 차리고 예의를 갖춘 것처럼 보일 수 있도록 안전하게 입으라는 것이다. 노출이 지나치게 많다거나 꽉 죄는 의상은 보는 사람에게 불편함을 줄 수 있다. 프레젠테이션의 목적을 달성하기 위해서는 누가 봐도 무난한 조금 보수적인 의상이 적합하다. 화려함보다는 안전함을 취하는 것이 좋다.

나. 액세서리는 드러나 보이지 않게 필요한 것만 한다

가만히 움직이지 않고 프레젠테이션 할 것이 아니라면 액세서리는 작은 것을 하는 것이 좋다. 여성 발표자가 큰 귀걸이를 하고 프레젠테이션을 해서 고개를 돌릴 때마다 액세서리가 흔들려 시선을 분산시킬 수가 있고, 발표자의 손이 올라갈 때 보이는 커다란 시계도 장애가 될 수도 있다. 여성의 경우 머리핀도 본래의 기능을 할 수 있다면 눈에 띄지 않는 것을 선택한다. 또한, 목걸이가 화려하고 프레젠테이션의 내용은 엄중한 것이라면 이는 발표의 분위기와 맞지 않는 것이다. 따라서 좀 더 신중하게 액세서리를 골라야 한다.

다. 머리가 얼굴을 가리지 않게 한다

머리로 얼굴 특히 이마를 가리는 것은 드라마에서 주인공의 성격을 규정하기 위해 사용한다. 무언가 불만이 있거나 아픔이 있는 경우 머리가 이마나 눈을 가리면 성격이 좀 더 명확해진다. 물론 일반인들은 멋으로 개성으로 하기도 한다. 그러나 머리로 얼굴 일부를 가리는 것은 자칫 자신 없어 하는 모습으로 보일 수 있다.

여성은 물론이고 남성 발표자도 프레젠테이션 중에 머리가 자꾸 얼굴로 내려와서 손으로 넘기면서 하는 경우를 심심치 않게 볼 수 있다. 심지어 자기도 모르게 입으로 머리를 '후' 하고 불어가면서 발표할 수도 있다. 이런 행동들은 청중의 시선을 분산시킬 뿐 아니라 프레젠테이션의 내용에 대해 신뢰도 떨어지게 만들 수 있다. 아마도 서비스를 강의하는 강사들이 머리를 뒤로 묶고 강의하는 이유도 그런 것이겠지만 머리가 얼굴을 가리지 않도록 한다.

라. 프로페셔널한 느낌을 주는 의상을 선택한다

프로페셔널하게 보이는 것은 분위기에 의상을 맞추는 것을 의미한다. 탁월한 발표자는 프레젠테이션의 내용과 의상을 어울리게 한다. 프레젠테이션의 내용에 따라, 청중의 성향에 따라 의상을 맞추는 것도 좋은 기술이다.

당신이 프레젠테이션 하는 내용이 디자인 같은 아름다움에 관련된 것이라면 의상은 관련 있는 색상으로 한다. 심각한 문제를 제기하고 그 해결책을 제시하는 프레젠테이션이라면 약간 어두운 계열의 색상을 선택한다. 새로 입사하는 신입사원들과 만나는 자리라면 밝은 색으로 친근감을 강조한다.

당신이 선택한 의상도 프레젠테이션의 일부분이다. 프레젠테이션과 어울리는 의상을 선택하고, 용모를 단정히 하는 것이 성공적인 프레젠테이션을 위한 기본이다.

사람들 앞에 서서 바로 프레젠테이션을 시작하지 말고 잠시 머릿속으로 '좋았어'를 외쳐라. 실제 지금 이 순간 당신이 아주 좋은 기회를 얻었고, 당신의 모습을 청중은 멋있다고 생각할 것이다. 이 발표가 끝나고 나면 당신은 능력에 대해 인정받게 되고 사람들은 당신의 제안에 동의할 것이기 때문이다.

PRESENTATION

★★★ PART 3 ★★★

프레젠테이션의 효과적인 구성은 바로 이것

PRESENTATION

도입부에서는 이렇게 집중시켜라

탁월하다는 것은 아는 것만으로는 충분치 않으며,
탁월해지기 위해, 이를 발휘하기 위해 노력해야 한다.

-아리스토텔레스

서론은 프레젠테이션의 성공과 실패를 가르는 중요한 요소이다. 프레젠테이션을 준비할 때 많은 시간을 강력한 도입을 위해 사용하라. 그럼 다음의 멘트를 한 번 살펴보라.

"저, 되게 귀엽죠? 제가 생각보다 잘 생겼지요? 사실 저희 〈남자의 자격〉팀이 여러분에게 가르친다든지 그럴 자격은 없어요. 할 말도 없고 그렇게 잘 살지도 않았고. 그런데 단지 여러분보다 나이가 많다는 이유 하나, 어떻게 생각하면 제가 보낸 20대 30대가 여러분이 가야 할 길이기 때문에 그것에 대해 잠깐 이야기하려고 하는 거죠.

여러분!

놀이공원에서 롤러코스터 타보셨지요? 올라갔다가 내려갔다가 뒤집어졌다가 그러잖아요? 보통 3분에서 4분 정도 타고, 타고 나서 재미있는 사람은 또 타겠다고 해서 한 10분 정도 타는데 저는 20년째 롤러코스터를 타고 있습니다. 다이내믹하죠? 죽는 줄 알았어요. 20년 동안 롤러코스터 탄 이야기를 간단하게 할게요. 그런데 참 재미있는 건 롤러코스터는 조금 내려오면 그 탄력이 약해서 다시 말해 내려가는 것을 너무 무서워하면 조금밖에 못 올라가요. 주-욱 내려오면 그 탄력으로 얼마든지 올라갈 수 있어요."

이는 예전 〈남자의 자격〉이라는 프로그램에서 멤버들이 했던 강연 중 가장 관심을 받았던 개그맨 김국진의 강의 도입 부분이다. 정말 주목할 만한 것은 도입 부분에서 사람들의 호기심을 잔뜩 그러모을 수 있는 강력한 흡입력을 가지고 있다는 것이다.

이처럼 프레젠테이션의 도입은 그 프레젠테이션의 성패를 좌우할 만큼 중요하다. 청중의 관심을 끌 수 있는 도입의 성공은 프레젠테이션의 성공이라고 말할 수 있다. 일반적으로 발표자를 소개하고 주제를 알리는 차원의 서론은 이미 청중이 주제에 대해 높은 관심이 있는 상태가 아니라면, 본론에서 정말 강력한 호소력을 발휘하지 않는다면 효과를 거두기가 매우 어렵다. 감성적인 내용이라면 가능하겠지만, 논리적이고 딱딱한 내용의 프레젠테이션에서 어떻게 효과적인 도입을 할 수 있겠냐고 반문하는 이도 있을 것이다. 그러나 다음의 연설을 보면 앞의 신년사처럼 거창한 연설이 아니어도 멋진 도입을 통해 청중의 주의를 끌 수 있다는 것을 알 수 있을 것이다.

"우리는 누구나 이루고 싶어 합니다. 하지만 무엇을 이루는 그 순간보다 더 중요한 것은, 그것을 이루고 난 그 자리에 내가 존재하고 싶어 합니다."

- 현장의 안전을 강조하는 건설현장소장의 발표문 중에서

"지금 우리가 노력하는 만큼의 노력을 기울여 지금보다 더 많이 만들 수 있다면, 단순히 많이 만든 것 이상의 또 다른 무엇을 가질 수 있습니다. 그것은 성취감일 수도 있고, 회사의 성공일 수도 있습니다."

- 생산 공정을 바꾸는 제안프레젠테이션 중에서

"여러분, 저는 여러분 앞에서 10분 정도의 짧은 시간을 할애 받았습니다. 이 10분 동안 제가 드리는 모든 이야기는 딱 한 가지입니다. 자동차에 대한 여러분의 생각과 관심을 바꾸어 달라고 부탁할 것입니다. 이 시간이 지나고 나면 여러분은 자동차가 단순히 나를 이동시켜주는 기계 덩어리가 아니라는 사실을 알고 돌아가실 것입니다."

- 신차 발표회에서

물론 이런 도입들이 일반적으로 쉽게 만들어낼 수 있는 것이 아니라는 점은 동의한다. 하지만 조금만 더 찾고 연구하면 누구나 만들어낼 수 있다. 단지 너무 일반적이고 틀에 박힌 프레젠테이션에 익숙해져 있으며, 이렇게 강력한 도입보다는 본론에 지나치게 얽매여 있다는 것 또한 사실이다. 그렇다면 청중의 관심을 끌어당길 수 있는 도입을 만드는 방법에는 무엇이 있을까?

가. 통계를 활용한다

기업을 운영하는 CEO들이 대부분인 대학의 최고경영자 과정에서 강의할 기회가 있었다. 사실 사업에서 성공해본 적은 없고 주로 기업의 직원으로 살다가 강의해본 경험이 전부인지라 그들 앞에서 어떤 이야기를 한다는 것이 부담될 수밖에 없었다.

"여러분! 여러분의 직원들에 대해서 잘 아십니까? 어떤 채용전문 사이트 J사의 통계에 의하면 90%에 가까운 대한민국 직장인이 이직을 심각하게 고려해본 적이 있다고 합니다. 게다가 다른 통계를 보면 직장인 중 80%는 지금 소극적이든 적극적이든 이직 활동을 하고 있다고 합니다. 왜 이런 일이 벌어졌을까요? 믿어지지 않으신다고요?

다국적 여론조사 전문 업체인 테일러넬슨소프레TNS 조사결과, 우리나라 사람들이 직장과 일에 대한 애착도가 세계 최저수준이라는 조사결과가 나왔습니다. 한국인들이 현재 하는 일에 대한 만족도는 36%, 직장에 대해 가진 애착도는 35%에 불과하다는 겁니다. 이쯤이면 여러분은 직원들의 껍데기만 데리고 일하고 계신 건 아닐까요? 물론 여기 계신 CEO들께서는 '우리 회사는 그래도 좀 나을 거야'라고 스스로 위로하고 계실지도 모르겠습니다. 다만 이런 직원들의 몰입도 문제는 너나 할 것 없이 중요한 문제이고, 이후 사업의 성과와 발전에 큰 영향을 주는 문제임은 분명합니다. 오늘 이 이야기에 대해 좀 해보려고 합니다."

이렇게 통계를 활용하면 발표자가 이야기하려고 하는 주제를 청중이 자신의 문제로 받아들이게 하는 효과를 발휘한다. 다만 이런 통계를 사용하는 데는 고려해야 할 사항이 몇 가지 있다.

첫째, 통계는 최신의 것일수록 힘을 발휘한다. 둘째, 시각화(도표, 그래프)된 통계가 더 힘을 발휘한다. 셋째, 통계를 만든 기관의 신뢰도가 높을수록 더 강한 힘을 나타내며, 마지막으로 구체적인 조사결과와 정확한 수치가 힘을 더한다.

나. 권위자의 말을 인용한다

서두를 시작하면서 누구나 인정하고 공감할 수 있는 권위자의 말을 인용하는 것은 많은 도움이 된다. 굳이 새롭게 말을 만드는 것보다도 쉽게 강력한 집중을 얻어낼 수 있다. 예를 들어, 자기계발에 관한 프레젠테이션을 한다면 도입을 이렇게 시작해보자.

"링컨 대통령은 이렇게 이야기했습니다. '만일 내가 여덟 시간 동안 나무를 벤다면 그중 여섯 시간은 동안은 도끼를 갈겠다.' 이 이야기는 어떤 일을 하는 데 있어 준비하는 것이 얼마나 중요한 것인가를 알려주고 있습니다. 오늘 저는 효과적이고 성과를 얻어내기 위해 자기계발이 얼마나 중요한 일인지 말씀드리고자 합니다."

자기계발이 중요한 것은 누구나 아는 일이지만 이렇게 권위자의 말을 인용한다면 더욱 청중의 관심을 끌 수 있다.

다. 일화나 유머를 사용한다

"얼마 전 '또라이 질량 보존의 법칙'이라는 우습지만 우습지 않은 글을 읽게 되었습니다. 어떤 직장인이 자신의 SNS에 자신의 경험을 바탕으로 올린 글인데 많은 관심과 공감을 얻어냈지요. 한번 읽어 드리겠습니다.

'저는 지금 직장생활 20년 차가 넘은 30대 중반이에요. 회사에 다니다 보면 또라이 질량 보존의 법칙이라는 것이 있는데 어디를 가도 일정한 수의 또라이는 존재한다는 것이에요. 내 위에 상또라이가 있어서 팀을 옮기잖아요? 그럼 옮긴 곳에도 똑같은 또라이가 있어요. 조금 덜 또라이다 싶으면 대신 그런 놈이 여러 명이어요.

회사를 옮겨보면 거기에도 똑같은 놈이 있어요. 예외는 거의 없어요. 내가 이를 악물고 버티다보면 또라이가 회사를 그만두는 기적이 일어날 수 있어요. 그러나 기뻐하긴 일러요. 그 자리엔 또 다른 또라이가 들어옵니다. 회사를 네 번 옮겨본 저와 10명이 넘는 친구들의 징글징글한 직장생활에서 증명된 법칙입니다.' 만일 '우리 회사에는 또라이가 없는데…' 싶으면 당신이 바로 그 또라이… 아시겠죠?"

직장의 리더들을 대상으로 강의를 시작하거나 식사 후와 같이 분위기를 전환할 때 도입으로 사용하는 소재이다. 많은 사람들이 공감하기도 하고 한바탕 웃으면서 분위기가 잘 잡힌다. 이처럼 프레젠테이션을 자신의 경험, 최근 유행하는 유머를 통해서 시작하는 것도 아주 좋은 방법이다.

'제가 며칠 전 퇴근길에 있었던 일입니다'와 같은 도입은 발표 주제가 우리 일상생활과 밀접한 관계가 있음을 청중에게 인식시키는 방법이다. 이는 주제에 대해 그리 높은 관심이 있지 않은 청중에게 주제와 청중을 연결하기 좋다.

라. 시사적인 문제를 제시한다

"최근 가정경제의 양극화가 사회적인 이슈로 떠오르고 있습니다. 그러나 이 양극화는 비단 가정경제의 문제만은 아니라고 생각합니다. 기업 간에도 양극화의 문제는 뚜렷하게 나타나고 있습니다. 특히 마케팅에 있어서 인지도 높은 브랜드와 그렇지 못한 브랜드의 차이는 품질의 문제와 상관없이 뚜렷한 양극화 현상을 보입니다. 그러므로 브랜드 이미지를 높이는 것은 우리 회사가 직면한 문제 중에서 가장 먼저 해결해야 할 과제입니다."

이렇게 사회적인 이슈와 공감을 형성하는 문제와 주제를 연결시키는 것은 프레젠테이션의 수준을 높여주는 좋은 방법이다. 그리고 주로 위기감을 조성할 때 사용하면 효과적이다. 이런 준비를 위해서는 평상시 사회적인 현상에 대한 통찰력을 기르는 것이 중요하다.

마. 질문을 던지면서 시작한다

가장 쉽게 청중이 집중하는 방법이다. 질문을 던지는 방법도 퀴즈 형태, 청중의 생각을 묻는 형태와 같이 다양하다.

"(한 청중을 가리키며) 질문 하나 해도 될까요? 최근에 가장 관심을 가지고 계시는 것이 무엇입니까?"

"프레젠테이션에 앞서 먼저 질문 하나 하겠습니다. 가지고 계신 재산 중에서 가장 가격이 높은 것은 무엇이죠?"

“혹시 우리와 같은 업종에서 최근 가장 큰 매출을 올리는 회사가 어디라고 생각하세요?”

이런 질문은 청중을 자신에게 질문이 던져질지도 모른다는 긴장감을 주는 효과와 함께, 모두가 그 주제에 대해서 같은 생각을 하게 하는 효과를 누릴 수 있다. 꼭 멋진 말을 통해서 훌륭한 도입을 할 수 있는 것은 아니다. 도입뿐 아니라 프레젠테이션의 진행에 따라 시의 적절하게 사용하는 질문은 청중으로 하여금 ‘청중의 의견을 존중하고 있다’는 느낌을 갖게 한다.

바. 관심을 끌고 난 후에는 본론을 위해 정리한다

“오늘 제가 말씀드릴 내용은 크게 3가지입니다. 첫째, 우리 회사의 현재 위치와 상황 둘째, 당면한 문제점과 해결과제 그리고 마지막으로 문제 해결을 위한 각 부서와 개인의 행동 방침입니다.”

이처럼 그날의 발표 내용을 미리 소개하여 청중의 관심을 유도하는 과정을 ‘선행 조직화’라고 한다. 미리 본론을 조직화시킨다는 뜻으로 청중에게 오늘 발표를 통해서 ‘어떤 관점을 갖고 들어야 할까’를 정하게 한다. 이런 시나리오를 알고 듣게 되면 프레젠테이션 전체의 흐름을 이해하게 된다. 하지만 모르고 듣게 되면 지루하고, 프레젠테이션의 문장 하나하나에 신경을 쓰게 되어 집중력이 떨어지거나, 자신이 관심 있는 내용은 언제 나오나 하고 기다리다가 지치게 된다. 자신의 도입 부분을 계획하기 위해 다음의 양식을 활용해보자.

순서	항목		내용
1	자기소개		
2	인사말		
3	주제 언급		
4	목적 (1~2가지 선택 사용)	통계	
		속담/격언	
		인용	
		질문	
		일화/우화	
5	본론 선행조직화		
6	진행 방법		

PRESENTATION

짜임새 있는 본론은 이런 구조로 만들어라

스스로를 존경하면 다른 사람도 당신을 존경할 것이다.

-공자

프레젠테이션의 본론에서 중요한 것은 자신의 주장을 펼치고 그를 뒷받침하는 근거를 통해 청중의 인정을 받아야 하는 점이다. 다음의 글을 한번 살펴보라.

280리터의 문 디자인은 A안과 C안으로 하고, 300리터짜리는 B안과 C안으로 진행하는 것이 앞으로 있을 유럽 가전 디자인 품평 때 보다 효과적일 것으로 판단되며, 유럽시장의 메인 경쟁사인 G사의 제품과 비교해 보아도 디자인적 측면에서 경쟁력이 있다고 생각됩니다. 간단하게 2가지 측면에서 설명해드리겠습니다.

첫째, 280리터 A안과 300리터 C안은 저희가 지난달 팀의 내부에서 책임을 통해 이미지 출력과 함께 독일과 프랑스 판매법인 경영진의 사전 품평을 진행했습니다. 그때 참석했던 독일과 프랑스 판매법인 경영층이 가장 선호했던 안으로 다른 유럽의 판매법인 경영층을 설득하기에 적합한 안으로 판단됩니다.

둘째, 280리터 B안과 300리터 C안은 요즘 디자인이 좋다는 평가를 받고 있는 G사, P사, H사 등 보시는 자료에서와 같이 경쟁사의 잘된 디자인과 비교해보아도 단순하면서 길어 보이는 효과 측면에서 경쟁력이 있습니다.

정리해서 말씀드리면, 글로벌 스텐다드와 비교했을 때, 경쟁력이 있는 280리터의 문 디자인은 A안과 C안, 300리터의 경우 B안과 C안 이렇게 총 4가지를 모델로 진행, 품평을 통해 선호하는 디자인을 선택하는 것이 효과적이라고 생각합니다.

어느 가전 회사의 디자이너가 상사와 다른 디자이너들을 대상으로 본인 파트에서 디자인한 안을 채택해 달라고 설득하고 있다. 일반적으로 청중을 설득하기 위해서 주장을 펼칠 때는 그 주장을 뒷받침하는 입증의 과정이 필요한데, 이렇게 입증을 동반한 주장을 논증이라고 한다.

주장은 청중이 믿어주기를 바라고 내세우는 단정적인 결론이다. 이때 청중이 믿게 하려고 객관적인 증거를 제시해야 하는데 이것을 근거라고 한다. 하지만 이런 근거가 내세운 주장과 관련이 있다고 청중이 인정해야 한다. 프레젠테이션의 본론에서는 '주장, 근거, 인정'의 3가지 요소를 적절하게 사용해야 한다. 위의 연설을 3가지 요소로 구분해보면 다음과 같다.

이렇게 구조화된 논증을 사용하게 되면 청중에게 효과적인 메시지를 전달하고, 설득력을 갖출 수 있게 된다. 그렇다면 이런 논증을 사용하기 위해 3가지 요소를 구성하는 방법을 알아보자.

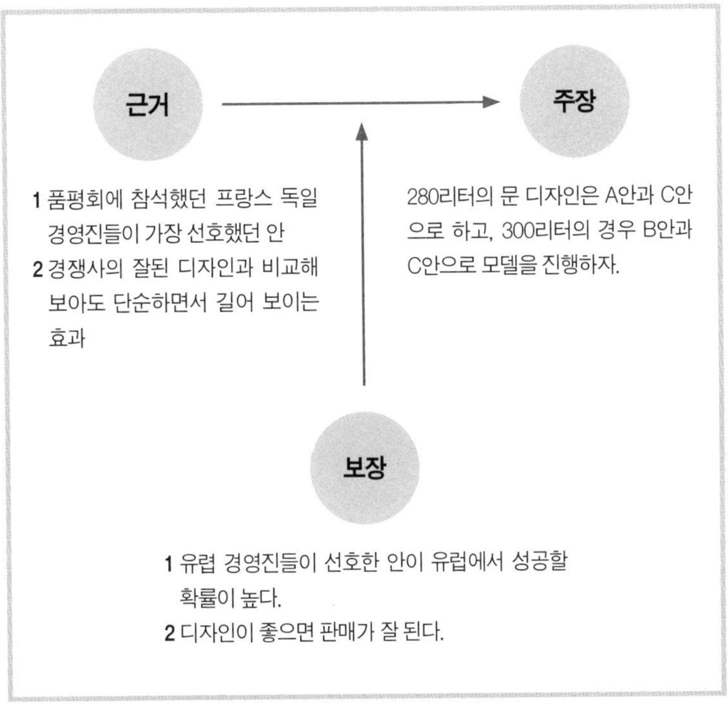

가. 짧고 강한 주장을 준비한다

먼저 짧고 강한 주장을 준비해야 한다. 이 주장은 근거와 인정을 사용해서 입증의 단계를 거쳐 다시 한 번 반복해야 한다. 너무 긴 주장은 당신의 프레젠테이션을 지루하게 할 수 있다.

"현재 우리 회사의 수당 체계에 대한 만족도는 매우 낮게 나타났습니다."

우리 회사의 수당 체계에 대해서 직원들에게 물어보았더니 많은 직원들이 만족하지 못하고 있다고 대답했습니다."

비록 같은 말이지만 후자는 근거의 제시를 통해서 다시 같은 말을 반복해야 하는 상황이다. 주장에서는 전달하고자 하는 결론을 확실하게 전달함으로써 청중의 관심과 시선을 끌어야 한다.

나. 객관적인 근거는 2~3개 정도 준비한다

하나의 근거를 제시하면 빈약해 보이고 준비가 미흡하게 느껴진다. 그러나 너무 많은 근거는 장황하게 느껴질 수 있고, 청중이 기억하기도 어렵다. 이 근거는 첫째, 둘째, 셋째와 같은 구분을 통해서 전달하는 것이 효과적이다.

"우리 ○○화장품을 선택하신다면 절대 후회하지 않으실 겁니다. 첫째, 식물성 원료를 사용하여 피부에 대한 부작용이 거의 없습니다. 둘째, 리필 용기를 사용할 수 있어서 두 번째 구매부터는 아주 저렴한 가격으로 구매하실 수 있습니다. 셋째, 30여 년이 넘게 우리나라 여성들로부터 인정받은 ○○화장품이 보장하는 효과를 얻으실 수 있다는 것입니다."

"최근 우리 회사는 점점 고객들로부터 인정받고 있습니다. 첫째, 최근 실시한 고객만족도 조사에서 3년 연속 두 자리 상승을 보였고, 1위사인 A사와의 격차도 3% 이내로 줄였습니다. 둘째, 5년 전에 15%가 채 되지 않았던 시장점유율이 30%에 육박하는 놀라운 성과를 거두었습니다. 셋째, 지난달에 조사한 재구매 의향 조사에서 67%의 고객이 다음 구매 시 우리 회사 제품으로 하겠다고 대답하였습니다."

다. 인정을 받기 위해 근거의 선택을 잘한다

인정은 제시된 근거가 주장을 적절하게 뒷받침한다고 청중에 의해서 이루어지는 것이다. 가끔 프레젠테이션을 듣다 보면 청중을 생각하지 않고 근거를 선정하는 것을 볼 수 있다. 주장을 뒷받침하는 근거에 대해 청중이 거리가 멀다고 느끼면 아무리 논리적인 근거라도 잘못 선정된 것이다. 근거의 관련성을 인정하는 것은 청중이기 때문이다. 그래서 근거는 청중에게 설득력이 있는 것으로 선정해야 한다. 객관성은 좀 떨어지더라도 청중과 가깝고 청중이 이해하기 쉬운 것으로 선택한다. 여러 개의 근거 중에서 세 개를 고를 때에도 청중과 가장 관련이 있으며, 공감할 수 있는 순서로 골라야 한다. 아무리 객관적인 근거라도 청중과 거리가 멀다면 청중은 쉽게 인정하지 않을 것이다. 따라서 청중에 대한 분석이 다시 한 번 강조된다.

라. 주제와 주제, 정보와 정보의 전환에는 반드시 표시한다

일반적으로 능숙하지 못한 발표자는 주제와 정보의 전환이 이루어지고 있다는 느낌을 주지 못한다. 그냥 이 이야기가 저 이야기로 바뀌고 있는데도 청중은 이어서 듣게 되고 나중에 전달받은 정보가 무엇인지 명확하게 구분해서 기억해 내지 못한다.

물론 유심히 고려하다 보면 구분해 낼 수 있겠지만, 프레젠테이션은 대부분 나중에 기억하라고 하기보다는 지금 당장 동의할 것인지를 결정하거나 고려하지 않았던 것을 고려해보게 하기 위함이다. 청중에게 행동과 선택에 대해 고민하게 한다.

만일 당신의 프레젠테이션 내용을 기억하기 위해 청중이 고민한다면 당신의 프레젠테이션은 그만큼 효과가 없다는 말이다. 내용에 대한 고민과 어떤 정보를 제공할 것인지에 대한 고민은 발표자인 당신이 할 일이다. 그 고민이 끝났다면 청중에게 어떻게 기억시킬까를 고민하라.

그렇다면 여러 정보를 제공하는 본론에서 정보와 정보, 제안과 제안의 구분을 명확하게 해야 한다. 잠시 쉬면서 시선을 돌리거나, 방금 제공한 정보에 대해 요약하는 등의 구분을 계획해야 한다.

프레젠테이션의 본론에서 중요한 것은 논증을 구성하는 것이다. 논증의 목표는 청중으로부터 주장이 옳다고 인정을 얻어내는 것이며, 그 도구로 입증하는 과정을 거친다. 입증은 근거를 제시해야 하는데 청중을 분석하고 그들이 쉽게 받아들일 수 있는 근거를 선택하는 것이 성공적인 입증의 과정이다.

PRESENTATION

마무리를 감동적으로 이끄는 방법

나에게 말하라. 그러면 나는 잊을 것이요, 나를 가르치라.
그러면 나는 배울 것이요, 나를 열중시키라. 그러면 나는 기억할 것이다.

-벤저민 프랭클린

영화의 마지막 장면처럼, 프레젠테이션의 마무리는 긴 여운을 남길 수 있게 구성한다. 본론에서 다루었던 내용을 요약하고, 도입에서 제시했던 문제의 해답을 감동적으로 남긴다.

나는 이 정부에 참여한 장관들에게 이야기했던 대로 의원 여러분들에게 다시 말합니다.

나는 피, 수고, 눈물, 그리고 땀밖에는 달리 드릴 것이 없습니다.

우리는 가장 심각한 시련을 앞두고 있습니다. 우리는 길고 긴 투쟁과 고통의 세월을 앞두고 있습니다.

여러분들은 저에게 '당신의 정책은 무엇인가?'라고 묻습니다. 나는 육상에서, 바다에서, 하늘에서 전쟁을 수행하는 것이라고 말합니다. 하나님께서 주신 모든 힘과 능력을 총동원하여 어둡고 개탄스러운 인간의 범죄 목록에서도 유례가 없는 저 괴물과 같은 전 제자를 상대로 전쟁을 수행하는 것, 이것이 우리의 정책입니다.

여러분은 '우리의 목표는 무엇인가'를 질문할 것입니다.

나는 한 마디로 답할 수 있습니다. 그것은 승리입니다. 승리, 어떤 대가를 지급하더라도 어떤 폭력을 무릅쓰고라도 승리, 거기에 이르는 길이 아무리 길고 험해도 승리, 승리 없이는 생존도 없으므로 오직 승리뿐입니다.

나는 희망에 들뜬 기분으로 나의 임무를 인수하는 바입니다.

나는 우리의 소명은 절대 실패하지 않을 것이라고 확신합니다.

나는 이 시점, 이 대목에서 여러분들의 도움을 요구할 자격이 있다고 느끼면서 이렇게 호소합니다. 자, 단합된 우리의 힘을 믿고서 우리 모두 전진합시다.

-1940년, 처칠의 수상 수락연설 중에서

1940년 2차 세계대전이 일어나자 영국 여왕으로부터 수상직을 제의 받은 그 유명한 처칠의 수락 연설 마무리 부분이다. 이 연설문의 마무리는 앞에서 제시한 내용의 요약과 함께 강한 설득력을 가지고 여당과 야당의 협조를 부탁하고 있다.

스스로 질문하고 답하는 형태를 보이고 앞으로 자신이 수행해야 할 임무와 계획을 제시하고 있으며, 감성적인 호소를 통해 강한 인상을 심어주고 있다. 이 연설을 직접 듣지는 못했지만, 연설문만으로도 그 자리에 있었다면 일어나서 열광적으로 손뼉을 치고 싶은 마음이 든다.

영화의 마지막 장면이 기억에 많이 남는 것처럼, 프레젠테이션 역시 마무리를 어떻게 하느냐에 따라서 프레젠테이션의 목표를 달성하느냐가 달려있다. 본론의 내용이 아무리 논리적이고, 훌륭하다 하더라도 마무리의 감동이 없다면 기억에 남는 프레젠테이션이 될 수 없기 때문이다. 프레젠테이션은 적절한 정보의 제공을 통해서 청중의 변화를 유도하는 작업이다. 그 변화를 유도하지 않고 정보의 전달에 그친다면 반쪽짜리 프레젠테이션이 될 것이다.

본론에 대한 요약과 도입에서 제시했던 문제, 주장에 대해서 확실한 마무리를 하려면 어떻게 해야 할지 생각해보자.

가. 마무리를 예고한다

프레젠테이션이 마무리로 들어가면서 발표자는 간단하게 마무리를 예고하는 것이 청중의 주의집중을 끌어내기에 유리하다. 아무래도 발표가 마무리되고 있다는 것을 느끼면, 청중이 관심을 가지기도 하고 자세를 고치기도 하기 때문이다. 그러니 이렇게 이야기하라.

"천천히 마무리할 때가 된 것 같은데요."
"이제 마치는 작업만 남았습니다."
"저에게 주어진 시간이 얼마 안 남았군요."
"지금까지 내용을 종합해보면…."
"제가 드릴 말씀은 다 드린 것 같습니다. 그럼…."
"이제 결론을 말씀드릴 때가 된 것 같습니다."

나. 프레젠테이션의 내용을 요약한다

발표의 마무리에서는 본론에서 다루었던 내용을 요약해야 한다. 처칠은 자문자답 형식을 이용해 전쟁의 당위성, 목표(승리), 자신의 수상직 수락을 요약하였다. 특히 발표시간이 길다면, 다루어진 이슈가 많을수록 이 과정은 꼭 필요하다.

"나는 이미 여러분에게 나라에서 일어나고 있는 당파의 위험을 그들의 지역적인 차별에 근거함을 구체적으로 참조하여 말씀드렸습니다. 이제는 조금 더 포괄적인 시각으로, 여러분에게 일반적으로 당의 정신에 해로운 영향에 맞서 가장 엄숙한 태도로 경고를 할까 합니다(후략)."

미국의 초대 대통령 조시 워싱턴의 고별사이다. 본론에서 다루었던 내용에 대해서 요약하면서 마무리를 시도하고 있다. 이처럼 마무리의 요약은 본론에서 다루었던 내용을 하나의 그림이나 구조로 표현함으로써 청중에게 발표자의 주장에 대해 기대하도록 한다. 또한, 본론에서 다룬 내용을 반복을 통해서 강조한다. 청중에게 이념이나 사상의 지지를 구하거나, 선거 연설처럼 본인의 인지도를 강하게 심어주기 위한 발표가 아니라면, 일반적으로 프레젠테이션 내용의 요약은 다음과 같은 형식으로 구성하는 것이 좋다.

"저는 오늘 여러분께 발표력의 중요성에 대해서 크게 3가지로 나누어서 말씀드렸습니다. 첫째, 발표력을 가지지 못해서 당할 수 있는 불이익에 대해서 말씀드렸고, 둘째, 발표력을 통해서 성공한 한 여성의 사례를 통해 발표력의 효과를 말씀드렸으며, 마지막으로는 발표력 향상을 위해서 우리가 취해야 할 행동에 대해서 말씀드렸습니다."

가능한 요약은 3가지 이하로 구성하는 것이 청중의 기억이 남게 하는데 효과적이다. 물론 4가지 이상으로 구성해야 하는 때도 있겠지만 좀 저 축약해서 3가지 정도가 가장 적당하다.

다. 이성적인 주장을 한다

"말씀드린 바와 같이 본 제품의 특징은 3가지로 요약되겠습니다. 첫째는 뛰어난 디자인입니다. 둘째는 탁월한 경제성 즉 합리적인 가격입니다. 마지막으로 편리한 A/S입니다. 이 3가지 모두 제품을 선택하는 데 빠질 수 없는 요소라는 데 대해서는 동의하실 것입니다. 이 3가지 조건을 만족하게 하는 상품이라면 선택에 후회가 없을 것이라는 점에 대해 저는 확신하고 있습니다."

프레젠테이션의 내용을 요약한 다음은 논리적인 구성을 통해서 이성적인 주장을 한다. 청중의 이성에 설득하는 것이다. 하지만 이성적인 주장이 가지는 효과는 선택할 행동에 대한 당위성에 한정된다는 것이다. 그러나 듣는 청중의 성향은 각자 다르다. 이런 이성적인 주장만으로 설득되는 사람이 있다. 하지만 감성에 더 설득이 잘 되는 사람도 있으므로 이를 보완하기 위해 감성적인 호소가 필요하다.

라. 감성적인 호소를 한다

이성적인 주장이 가지는 한계는 '뻔한 이야기'라는 반응을 얻어낼 수 있다. 그러므로 얻어지는 결과에 대해 이미지를 제공하면서 마지막으로 청중의 감성을 설득하는 작업이 필요하다. 어릴 때 숱하게 들었던 '공자 말씀'은 우리의 행동을 변화시키는 데 그리 효과적이지 못했다. 열심히 일해야 한다는 말도, 우리 제품이 최고라는 말도 누구나 하는 말이기 때문이다. 이제는 내 생각과 기대를 표현해야 한다.

"이 제품에 대한 설명을 마치면서 저는 상상해봅니다. 제가 말씀드렸던 여러 장점을 여러분의 것으로 가져가서 행복해하는 모습을 말입니다. 그런 모습을 지켜볼 수 있는 것은 이 제품을 생산하고 고객에게 전달하는 기업에 근무하는 저희 임직원들의 보람이며, 행복입니다. 부디 현명한 선택을 기대합니다."

가끔은 역설적이거나 부정적인 호소를 통해서 청중을 위협하기도 한다.

"제 설명이 부족했는지 모르지만, 어쨌든 이번에 출시한 이번 제품은 여러분께서 선택하실 수 있는 최고의 기회를 제공합니다. 이 기회를 놓치신다면 나중에 두고두고 후회하실지도 모릅니다."

그러나 청중이 발표에 대해 부정하는 성향을 띠지 않는 한 선택 후의 긍정적인 결과에 대해 기대를 표현하는 것이 더 효과적이다.

마. 청중에 대해 감사의 표현으로 마친다

정중한 예의를 갖추어서 감사의 마음을 전하여라. 어쨌든 프레젠테이션의 마지막까지 경청해준 태도에 대해서 감사한다. 여러분이 발표를 마치는 순간 결정권은 청중에게 가있는 상태이다. 결정은 청중이 할 것이다. 프로페셔널한 발표자라면 마지막까지 좋은 인상을 주기 위해 노력하는 것이 필요하다.

감동적인 마무리를 위한 양식

순서	항목	구체적 방법
1	종료 예고	
2	요약 / 정리	
3	행동화 촉구	
4	마무리 인사	

프레젠테이션 내용을 요약하고 청중의 이성에 대해서 다시 한 번 주장하고, 감성에 호소하라. 프레젠테이션의 마무리는 발표의 목표 달성에 커다란 영향을 미친다. 어떻게 하면 고객이 내가 한 프레젠테이션에 대해서 긍정적인 마음을 가지고 발표장을 떠날 수 있도록 할까? 이것이 마무리의 핵심이다.

PRESENTATION

연결부를 자연스럽게 관리하는 법

성공한 사람들은 성공하지 않은 사람들이 하지 않으려는 것을 한다.
더 쉬웠으면 하고 바라지 말고 내가 더 나았으면 하고 바라라.

-짐 론

연결부에서는 각 정보와 주장 사이를 이어 발표를 매끄럽게 하는 중요한 요소이다. 프레젠테이션의 유창성은 이 연결부를 얼마나 잘 사용하느냐에 따라 크게 좌우된다.

어느 기업의 전문 프리젠터 양성과정에서 강의하고 있었다. 프레젠테이션 실습과 클리닉을 진행하는 사이 쉬는 시간에 한 교육 참가자가 다가와서 질문했다.

"선생님, 이해가 안 되는 것이 있어서요."

"무엇입니까?"

"지금 함께 교육받는 A과장과 제 발표를 비교해보면 내용상으로도 그렇고 프레젠테이션 스킬 상으로도 별 차이가 없는데, A과장의 발표는 제 프레젠테이션 보다 훨씬 풍성하고 유창해 보입니다. 그 차이가 뭐라고 생각하십니까?”

실제로 그랬다. 그 두 사람의 발표스킬은 다른 교육생들에 비해 뛰어난 편이었다. 피드백을 위해 작성해 놓은 메모를 보니 A과장에 대해서 이렇게 적혀 있었다.

‘연결부 사용이 매우 뛰어남’

질문한 교육생에 대한 메모에는 ‘발표스킬 탁월, 다만 정보가 바뀔 때 끊어지는 느낌’이라고 적혀 있었다.

연결부란 주제와 주제, 주장과 주장 사이의 연결을 위해 사용하는 언어적, 비언어적 요소를 말한다. 실제 프레젠테이션 내용과는 크게 상관없지만 발표의 유창성은 연결부에 의해 크게 좌우된다. 듣는 청중의 집중력을 좌우하는 부분으로 청중이 프레젠테이션의 진행 상황을 알 수 있게 해주고, 중간에 집중력을 발휘할 수 있게도 한다. 이는 발표자가 청중에 대한 배려이기도 하다.

이 연결부의 사용은 듣는 이가 그 차이를 딱 꼬집어 이야기하기는 어렵지만 느낄 수는 있는 요소이다. 또한, 이 연결부는 어려움에 부딪힌 발표자를 도와주는 역할을 하기도 한다. 물 흐르듯 자연스럽게 진행되는 프레젠테이션을 하고 싶거든 이 연결부를 계획하고 익혀 습관으로 만들어야 한다. 그렇다면 지금부터 연결부의 종류와 사용법에 대해 알아보자.

가. 순연 연결부

순연 연결부는 한 가지 주제나 내용에 대해 진행되는 중간에 청중에게 지금 이야기하는 주제를 상기시키고 주의를 환기하는 역할을 한다. 아무래도 한 가지 이야기가 오래 진행되다 보면, 청중은 지루함을 느낄 수도 있고 집중력이 떨어지기도 한다. 이럴 때는 이렇게 이야기하라.

"자, ~에 대해서 알아보고 있는데요."

"~에 대해 여러분이 이렇게 관심이 많은 줄 몰랐습니다."

"좀 더 알아볼까요?"

이런 순연 연결부를 너무 자주 사용하면 안 되겠지만, 발표자가 청중을 관찰하다 보면 집중력이 떨어지는 것을 알 수 있다. 혹은 본인이 진행하면서 조금은 느슨해졌다는 느낌이 오기도 하는데, 이럴 때 순연 연결부를 사용하면 조금 활력을 찾기도 한다.

이렇게 순연 연결부를 좀 더 효과적으로 사용하기 위해서는 연결부를 사용한 다음, 잠시 말을 멈추고 웃음 띤 얼굴로 청중을 천천히 둘러보면서 아이컨택을 하는 것이 좋다.

나. 지연 연결부

프레젠테이션을 하다 보면 의도하지 않게 발표자에게 여러 가지 어려움이 생긴다. 이럴 때는 상황에 맞는 지연 연결부를 사용해 분위기를 다시 돌려놓는 것이 좋다. 지연 연결부는 말 그대로 프레젠테이션을 지연하면서 시간을 벌고 여유를 찾기 위해 사용하는 것이다.

발표자에게 생길 수 있는 첫 번째 어려움은 내용을 잊어버리거나, 지금 말하는 문장의 마무리가 안 되고 자꾸 꼬여가는 경우이다. 이럴 때 멍하니 있거나 당황하는 모습을 보이면 청중은 동요하거나 집중력이 떨어지기도 한다. 이럴 때 사용할 수 있는 연결부는 다음과 같다.

"여러분이 잘 이해하고 계신 것으로 보입니다만…."

"어떻게 설명해 드려야 좋을까요?"

이런 연결부를 사용하고 나서는 잠시 고민하는 자세로 다음과 같이 생각해 볼 수 있는 여유를 가져도 된다. 청중이 발표자가 내용을 잊었다는 느낌보다는 새로운 설명 방법이나 내용을 고민하는 것처럼 보일 수 있도록 하는 게 좋다. 조금은 공격적으로 이렇게 질문해보는 것도 좋다.

"여러분이 잘 이해하고 있는지 한 분께 질문을 드려서 알아볼까요?"

지금 막혀서 아무 생각이 없는데 어떤 질문을 하느냐고? 그거야 간단하다.

"어떻게 생각하세요?"

"무슨 하고 싶은 말 없으세요?"

"본인에게는 어떤 게 가장 중요해요?"

물론 이 질문의 대상은 당신의 발표에 집중하고 호의적인 자세를 보이는 사람이어야 한다. 이렇게 시간을 벌기도 하고, 가끔은 청중의 대답 속에서 실마리를 찾기도 한다. 가끔 기계(컴퓨터, 스피커, 빔프로젝터)가 제대로 작동하지 않거나, 발표장 주변에 소음이 발생하는 경우에도 이런 지연 연결부를 사용해서 상황을 벗어나는 방법도 있다. 그런 상황을 발표자가 언급하고 재치 있게 넘어갈 수도 있지만 그런 여유와 배짱을 가진 사람은 그리 많지 않기 때문이다.

지연 연결부를 사용할 상황이 생기지 않는 것이 최선이다. 그리고 지연 연결부를 아무리 잘 사용해도 부자연스럽다. 하지만 그래도 손 놓고 있을 수야 없지 않은가?

다. 전환 연결부

순연이나 지연 연결부는 상황에 맞추어 사용할 수도 있고 사용하지 않을 수도 있다. 그러나 전환 연결부는 어떤 상황에서도 반드시 사용해야 하는 프레젠테이션의 필수 요소이다. 능숙한 임기응변이 아닌 꼭 계획하고 연습해야 하는 연결부이다. 큰 주제의 전환이나 작은 주제의 전환에서 진행한 내용을 마무리하고 새 정보에 대해 청중의 집중력을 환기시키는 것이기 때문이다. 일반적으로 훈련되지 않은 발표자들은 슬라이드가 한 장 넘어갈 때마다 "다음은 ~에 대해 말씀드리겠습니다"와 같은 일정한 패턴을 사용한다. 이는 지루하기도 하고 일정한 패턴에 익숙해진 청중은 다음 정보에 대해 크게 집중하지 않는 일도 발생한다. 이를 방지하기 위해서는 다음과 같이 조금 더 다양한 연결부를 사용하는 것이 좋다.

"지금까지 ~에 대해서 알아보았습니다. 다음으로는(S)."

"이 부분의 핵심은 ~라고 했습니다. 다음은(S) ~에 대해서 말씀드리겠습니다."

"자, 다음으로 넘어가도 되겠지요?(S)"

(S)는 프레젠테이션 슬라이드를 사용할 때 자연스럽게 넘기기 위한 포인트를 표시한 것이다. 꼭 지킬 필요는 없지만 가장 부드럽게 화면을 넘어가는 포인트이므로 참고해 보기 바란다. 이런 전환 연결부를 통해 주의를 환기하고 발표자도 여유를 가져야 한다.

라. 기타 연결부

이런 연결부는 꼭 말로 이루어질 필요는 없다. 가끔은 비언어적 연결부가 더 효과적일 때가 있는데, 프레젠테이션의 특성을 고려해서 함께 손뼉치기('일반적으로 박수 세 번 시작!'과 같은 멘트를 한다)를 통해서 지나치게 흐트러진 분위기 전환을 시도해본다. 또는 잠시 멈추고 청중을 돌아보는 것, 그리고 조금 복잡한 내용의 전환인 경우, 앞 정보를 요약한 그림이나 동영상 사용을 통해 집중력을 향상하는 일도 있다.

갑자기 유창한 언변을 구사할 수는 없다. 다만 지금의 자신의 언어구사 능력을 조금 더 유창하게 보이는 방법은 있다. 그 효과적인 방법이 바로 연결부를 잘 사용하는 것이다. 연결부는 발표를 더 여유 있게 만들 수도 있고 위기를 탈출시키기도 하며, 청중의 집중력을 높이는 수단이 된다.

PRESENTATION

★ ★ ★ PART 4 ★ ★ ★

성공하는 프레젠터가 반드시 익혀야할 표현스킬

PRESENTATION

집중을 부르는 단순하고 명쾌하게 표현하는 법

남들보다 더 잘하려고 고민하지 마라.
'지금의 나' 보다 잘하려고 애쓰는 게 더 중요하다.

-윌리엄 포크너

우리가 늘 하고 사는 우리말이지만 효과적으로 사용하기 위해서는 연구가 필요하다. 우리말 사용에 대해 좀 더 신중할 필요가 있다. 다음의 예를 살펴보기 바란다.

"제가 오늘 프레젠테이션할 부분은 이번 새로 시작하게 되는 프로젝트의 개요와 목표 그리고 일정 계획에 대해서 말씀드리도록 하겠습니다."

이렇게 시작한 당신의 프레젠테이션은 무언가 어색한 느낌이 시종일관 자리하고 있었다.

"이번에 시작하게 되는 ○○○프로젝트의 목표는 크게 3가지 부분으로 이루어져 있다고 말씀드릴 수 있겠습니다."

"이번에는 프로젝트 일정 계획 부분에 대해서 말씀드리겠습니다."

"당사가 좀 더 공격적인 광고를 펼친다면 지금 시장에서 경쟁사인 D사와 가장 뜨겁게 경합하고 있는 중형 평형에서 인지도를 향상할 수 있다고 생각합니다. 그런 부분에서 이번 프로젝트의 중요성을 알 수 있습니다."

"이상으로 말씀드린 내용을 3가지로 요약한다면, 첫째, 이번에 충분히 경쟁력이 있는 상품을 출시했다는 것, 둘째, 이번 기회를 이용하여 매출의 증가는 물론 시장점유율의 확대를 꾀해야 한다는 것, 마지막으로 공격적인 광고를 위해서 소비자의 선호도, 최근 성향, 그리고 연령대별 서로 다른 니즈 부분을 파악하기 위해 이번 프로젝트는 매우 중요하다고 말씀드렸습니다."

무언가 어색하지만 그렇다고 딱히 어떤 것이 잘못되었다고 짚어내기도 쉽지 않다. 더구나 글로 씌어 있는 것이 아니고 말을 통해서 전달되는 것이라면 더욱 어렵다.

그러나 "제가 오늘 프레젠테이션 할 부분은 이번 새로운 제품 출시를 앞두고 시작하게 되는 프로젝트의 개요와 목표 그리고 일정 계획에 대해서 말씀드리도록 하겠습니다"는 "제가 오늘 말씀 드릴 내용은 새로운 신제품 출시를 앞두고 시작하게 되는 프로젝트의 개요 목표 그리고 일정 계획입니다"나 "저는 오늘 새로운 제품 출시를 앞두고 시작하게 되는 프로젝트의 개요와 목표 그리고 일정계획에 대해서 말씀드리겠습니다"로 바꾸어야 한다. 의미 없는 "말씀드리도록 하겠습니다"는 "말씀드리겠습니다"로 줄이면 훨씬 명확하게 내용은 전달할 수 있다.

이렇게 잘못 사용되는 표현은 내용을 잘못 전달할 만큼은 아니더라도 청중이 발표가 무척 장황하다고 느끼게 하거나, 집중력을 떨어뜨릴 위험이 있다. 그리고 성향에 따라서는 당신의 문맥이 잘못되어 있는 것으로 당신에 대한 신뢰를 포기하는 청중도 생긴다.

예를 들면 문장 성분이 중첩된다거나, 어순에 맞지 않는 말, 지나치게 생략이 많은 말, 문법적 호응 관계가 전혀 이루어지지 못한 말, 지나치게 문장이 길고 복잡한 말 등은 어법상에서도 문제가 되지만 의사 전달 면에서도 문제가 된다. 이러한 문장들로 인해서 상대방은 말하는 사람이 어떤 의도로 하는 말인지 그 의미를 제대로 파악할 수 없게 된다.

가. 짧은 말이 오래 남는다

'사람들은 짧은 말만을 기억하려고 한다'는 말이 있다. 문장을 짧게 사용하면 어휘 중복의 문제도, 어순의 문제도 극복하기가 쉬워진다. 화려한 문장을 사용하기 위해 문장을 늘리는 것을 자주 볼 수 있다.

"우리 회사는 지난 3년 동안 문제가 되어왔던 고객 만족에 회사의 역량을 집중시켜왔으며, 그로 인해 많은 문제를 해결해 왔다고 말씀드릴 수가 있겠습니다."

같은 의미이지만 다음과 같이 더 명쾌하게 뜻을 전달할 수 있다.

"고객 만족에 회사의 역량을 집중시킨 지난 3년 동안의 노력으로 우리 회사는 많은 문제를 해결했습니다."

전문가들은 성공적인 프레젠테이션을 위해서는 '청중을 생각하게 하지 마라'라고 충고한다. 여기서 생각은 문제의 심각성이나 주제의 타당성에 대한 생각이 아니다. 발표자가 사용하는 문장이 무슨 뜻이 있는지 생각하게 하지 말라는 뜻이다. 당신의 문장이 길어지면 길어질수록 청중은 그 뜻을 이해하는 데 신경 쓰게 되고 정작 당신의 의도는 관심에서 멀어질 수도 있다. 지나친 생략으로 문장의 뜻이 애매해지지 않는다면 짧게 구성하고, 너무 긴 문장은 나눌 수 있는지 확인하라.

나. 띄어 읽기를 잘 활용한다

우리말은 띄어 읽기에 따라서 뜻이 많이 바뀐다. 우리가 어릴 때부터 많이 알고 있는 '아버지가 / 방에 들어가신다'와 '아버지 / 가방에 들어가신다'처럼 애매한 경우가 많이 있다. 다음의 2가지를 살펴보자.

"국도를 과속으로 달리던 트럭이 중앙선을 침범하여/ 마주 오던 승용차와 부딪쳤습니다."

"국도를 과속으로 달리던 트럭이/ 중앙선을 침범하여 마주 오던 승용차와 부딪쳤습니다."

이 두 경우를 살펴보면 중앙선을 침범한 자동차가 달라진다. 이렇게 전달하는 의미가 달라지는 일은 사내에서도 자주 일어난다.

"당사가 좀 더 공격적인 마케팅을 펼친다면, 최근 성장세인 / 경쟁사 D사와 경합하고 있는 2~30대 시장에서 인지도를 향상할 수 있다고 생각합니다."

이렇게 띄어 읽기를 하게 되면 경쟁사 D사가 성장하고 있는 것인지, 2~30대 시장이 성장하고 있는 것인지 알기 어렵다.

"당사가 좀 더 공격적인 마케팅을 펼친다면, 최근 성장세인 경쟁사 D사와 경합하고 있는 / 2~30대 시장에서 인지도를 향상할 수 있다고 생각합니다."

결국, 긴 문장을 이야기할 때에는 띄어 읽기에 유념해야 한다. 이를 위해서는 준비 단계에서 명쾌한 문장을 만드는 것이 더 효과적이다.

다. 형식적인 표현은 과감하게 포기한다

'~에 대하여 말씀드리도록 하겠습니다'와 같은 형식적인 표현은 프레젠테이션을 딱딱하고 장황하게 느끼게 한다. 하지만 뜻밖에 이런 표현들을 많이 사용한다. 청중은 형식적인 발표에 대해 금방 지루함을 느낀다. 내용만 좋으면 되는 것 아니냐고 반문하는 분들이 있겠지만, 경축행사의 축사와 같은 표현은 청중의 관심을 멀어지게 할 수 있다.

"바쁘신 중에도 시간을 내어 이 먼 곳까지 찾아와주신 고객 여러분께 심심한 감사의 마음을 전합니다."

이런 표현은 이렇게 바꾸어도 전혀 문제가 되지 않는다.

"바쁘신 중에도 참석해주신 고객 여러분, 깊이 감사드립니다."

청중은 감사의 말을 듣기 위해 참석하는 것이 아니고, 당신의 프레젠테이션 내용을 듣기 위해서 참석한다. 당신의 프레젠테이션 내용의 중요한 사항과 관련이 없는 형식적인 표현들은 피하는 것이 좋다.

프레젠테이션의 성패를 좌우할 만큼은 아니라고 느끼더라도 우리말을 사용하는 데 여러 유의 사항을 지켜라. 당신이 전달하려고 하는 내용을 더 명쾌하게 전달하고, 혼선을 줄일 수도 있다. 당신의 청중에게 프레젠테이션 내용에 대해 생각하게 해야지, 절대로 그 말이 무슨 뜻인지 생각하게 해서는 안된다.

PRESENTATION

다양한 표현을 자유자재로 활용하는 법

시도해보지 않고는 누구도 자신이 얼마만큼 해낼 수 있는지 알지 못한다.

-푸블릴리우스 시루스

같은 뜻의 문장도 어떻게 구성하느냐에 따라 강도가 달라진다. 어떻게 구성할 것인지 연구하라. 다음의 글을 한 번 살펴보기 바란다.

최근 힐링이 대세입니다. 무언가 안식이 필요하다는 것 아니겠습니까? 따라서 요즘 주말에는 많은 분이 집을 떠나 자연을 찾고 있습니다. 이런 트렌트에 힘입어 단순히 자동차는 출·퇴근이나 이동을 위해 사용하던 개념이 바뀌어 가고 있습니다. 이제 자동차는 이동수단을 넘어 가족의 생활 공간이고, 대화 공간이며, 주거 공간입니다. 그런 역할을 해내지 못하는 RV차량이 어디 RV차량이라고 할 수 있겠습니까? 그럼 진정한 RV차량은 어떤 기능을 가지고 있을까요?

집과 같은 편안한 실내 공간, 가족의 대화를 방해하지 않을 정숙성, 그리고 편안하게 쉴 수 있는 다양한 편의 기능이 바로 그것입니다. 아마도 여러분께서는 그런 차를 찾아서 여기에 오셨고, 그런 차를 발견하실 수 있을 겁니다.
오늘 소개해 드리는 ○○○는 무늬만 RV가 아니라 기능도 RV이고 고객 여러분께 드리는 혜택도 RV 그 자체입니다.

- 자동차 신차 설명회에서

많은 사람이 변화에 대해서 쉽게 받아드리지 못합니다.'왜 지금이어야 하는데?', '왜 우리 부서여야만 하는데?', 그리고 '왜 하필 나인데?' 이렇게 말입니다. 막상 변화가 시작하면 누구나 이런 생각을 한다는 것입니다. 변화는 그 누구도 피해가지 않습니다. 변화는 우리 모두의 것입니다. 흔한 말로 '오늘만 날이니?'라고들 말합니다. 그런데 오늘만 날입니다.
변화는 누구에게나, 아무 때나 예고 없이 찾아와서는 받아들이지 않는 이에게 도태라는 큰 짐을 남기고 떠나갑니다. 대신 준비하고 받아들이는 이에게는'초일류'라는 커다란 호칭을 남기고 갈 것입니다. 그리고 나서도 우리를 계속 시험할 것입니다.'역사는 도전과 응전의 반복'이라고 했습니다.

- 모 기업 CEO의 변화관리 특강 중에서

유창한 프레젠테이션, 설득력 있는 프레젠테이션을 위해서 우리는 남다른 문장을 구성하려고 애쓴다. 그러나 이런 구성 방법은 학창시절에 다 배웠다. 단지 그것을 활용하려고 시도해보지도 않는다는데 문제가 있다. 위의 프레젠테이션에서는 직유, 은유, 대조, 열거, 의인과 같은 수사법을 조화롭게 사용하고 있다. 이런 표현들을 자연스럽게 사용하는 사람도 있지만 의도적으로 노력하지 않으면 잘 사용하지 못하는 사람들도 많다. 발표 원고를 작성할 때 의도적으로 활용하면 큰 노력을 들이지 않고도 큰 효과를 얻을 수 있으니 참고하자.

이런 수사법의 종류는 우리가 생각하는 것보다 많고, 의외로 많이 쓰이고 있다. 지금부터는 비유와 강조, 그리고 변화를 주는 표현 일부만 다루어보기로 하겠다.

가. 비유법을 활용한 표현

프레젠테이션에서는 직유, 은유, 풍유, 의인법 4가지를 자주 사용한다. 먼저 직유법은 가장 직접 빗대는 방식이다. 설명하려는 대상에 대해 생생하게 빗대어 표현할 때 사용한다.

'집과 같은 편안한 공간'

'우리 회사가 제공하는 홈오토메이션은 여러분이 꿈꿔왔던 영화 속 같은 생활을 제공해드릴 수 있을 것입니다.'

은유법은 'A는 B이다'식으로 간접적으로 빗대어 이야기하는 방법이다.

'가족의 생활 공간이고, 대화 공간이며, 주거 공간입니다'와 같이 표현하여 설명하는 대상이 가져야 할 기능과 특성들을 구체적으로 이미지화하는 데 사용한다.

'회사를 집같이 생각한다면, 동료는 누구입니까? 그렇습니다. 바로 동료는 가족입니다.'

이처럼 풍유법은 속담이나 격언으로 상황을 빗대어 표현하는 방법으로 프레젠테이션에서는 현재 상황에 대한 공감을 유도할 때 사용하는 것이 좋다.

"오늘만 날이냐?'라고 이야기들 합니다. 그렇습니다. 오늘이 바로 그날입니다."

"우리는 지금 신선놀음에 도낏자루 썩는 줄 모르고 있는 것은 아닐까요? 조금 상황이 좋다고, 실적이 오르고 있다고 안일한 생각에, 막연한 희망에 사로잡힌 것은 아닐까요?"

마지막으로 의인법은 사람이 아닌 대상을 사람처럼 표현하는 방법이다.

"변화는 누구에게나, 아무 때나 예고 없이 찾아와서는 받아들이지 않는 이에게 도태라는 큰 선물을 남기고 떠나갑니다."

"새로운 생활을 기대하는 여러분을 만나고 싶어 하는 수많은 기회가 여러분을 기다립니다."

의인법은 청중에게 좀 거리가 먼 개념을 청중과 연결하고 싶을 때 사용하면 좋다.

나. 강조를 위한 표현

프레젠테이션에서 강조를 위한 표현으로는 여러 가지 방법이 있지만, 일반적으로 많이 사용하는 대조법과 열거법에 대해서 알아보자. 대조법은 서로 반대되는 사실을 놓아 그 의미를 강조하는 것이다. 제품의 우월성이나 주제의 필요성을 강조하는 효과적인 방법이다.

"받아들이지 않는 이에게 도태라는 큰 선물을 남기고 떠나갑니다. 대신 준비하고 받아들이는 이에게는 '초일류'라는 커다란 호칭을 남기고 갈 것입니다."

"지금까지의 승급기준이 채찍을 사용한 것이라면, 새로운 기준은 당근을 활용한 것이라고 말씀드릴 수 있습니다."

강조법 중에 가장 많이 사용되고 구성하기 쉬운 방법이 바로 열거법이다.

"집과 같은 편안한 실내 공간, 가족의 대화를 방해하지 않을 정숙성, 그리고 편안하게 쉴 수 있는 다양한 편의 기능 바로 그것입니다."

"이 한 번의 인사체계 변화로 우리가 얻을 수 있는 것은 투명성, 공평성 그리고 도전할 기회입니다."

다. 변화를 주기 위한 표현

변화 주기는 문장에 새로운 느낌을 주거나 의미를 강조하기 위해서 평범한 문장에 변화를 주는 수사법이다. 여기서는 프레젠테이션에서 많이 사용되는 설의, 인용, 대구법에 대해서만 알아보기로 한다.

설의법은 분명한 결론을 의문문으로 만들어 그 결론을 강조하는 수사법이다.

"그런 역할을 해내지 못하는 RV차량이 어디 RV차량이라고 할 수 있겠습니까?"

"지금 우리 회사가 겪고 있는 어려움 정도를 이겨내지 못하고 나중에 우리의 후배들에게 너희 선배는 이런 고생을 겪으면서 회사를 발전시켜 왔다고 말할 수 있겠습니까?"

인용법은 다른 사람의 말을 인용하여 주장하고자 하는 내용의 객관성을 얻어내기 위해서 사용한다.

"'역사는 도전과 응전의 반복'이라고 했습니다."

"아인슈타인 박사는 '어제 일한 그대로 일하면서 결과가 달라지지 않는다고 흥분하거나 화를 낸다면 그게 곧 정신병이다'라고 말했습니다. 결국, 다른 성과를 내기 위해서는 다른 방법을 사용해야 한다는 말입니다."

대구법은 유사한 구조를 반복하여 강조하는 효과를 얻어내는 수사법이지만 기억에 오래 남게 하는 효과도 있다.

"국민에 의한, 국민을 위한, 국민의 정부"

"가격도 저렴하고, 옵션도 다양하며 색상도 깔끔한 제품이 여러분 앞에 있습니다."

"공평하고 투명하게 체계적인 인사 시스템을 구축하는 것은 매우 중요한 일이라고 하겠습니다."

라. 수사법의 적절한 활용법

사실 이런 수사법은 우리가 자연스럽게 사용하고 있다. 억지로 수사법을 사용하려고 노력하다 보면 문장도 이상해지고, 프레젠테이션도 부자연스럽게 될 수 있다. 그러므로 발표문 중에서 청중에게 꼭 인식시키고 기억시키고 싶은 곳 서너 군데만 의도적으로 바꾸어야 한다. 아무리 좋은 것도 너무 많이 사용하면 효과가 떨어지기 때문이다.

당신의 프레젠테이션을 세련되고 깊이 있게 만들기 위해서는 표현력을 길러야 한다. 그리고 당신의 발표문을 의도적으로 바꿔야 한다. 우리

말의 수사법을 활용하면 효과를 증대시킬 수 있다. 비유, 강조, 변화를 위한 표현을 사용하되, 의도적으로 너무 많이 사용하면 문장은 화려해질지 모르나 청중은 어떤 것을 기억해야 할지 모르게 될 수도 있다. 당신의 열정과 힘을 담아 강조해야 할 부분을 적절한 수사법을 활용하여 보자.

수사법 활용 연습

다음 예시된 문장을 지시된 수사법을 활용하여 고쳐보자.

〈예〉 우리가 지금 변화하지 않고는, 지금처럼 변화가 심한 세상에서 생존할 수 없습니다.

설의법	우리가 변화하지 않고 지금처럼 변화가 심한 세상에서 생존할 수 있겠습니까?
의인법	지금처럼 변화가 심한 세상이 변하지 않는 우리를 살려두겠습니까?
풍유법	모든 일에는 때가 있습니다. 지금이 바로 그때입니다. 지금 변해야 살 수 있습니다.

〈문제1〉 그동안 일을 시작하면서 컴퓨터의 전원을 켜고 기다리면서 얼마나 답답하셨습니까? 외부에서 활동하시다가 받은 메일, 빨리 처리해달라는데 자료는 회사 컴퓨터에 있어서 결국 자료 요청자에게 전화해서 얼마나 미안하셨습니까? 만일 저희가 제안하는 시스템을 구축하시게 되면 이런 일이 싹 사라집니다.

〈문제2〉 소위 말하는 일류 기업, 잘나가는 기업은 왜 잘나가는 걸까요? 그리고 우리는 왜 그렇게 하지 못하는 걸까요? 우리도 알 만큼 알고 배울 만큼 배웠는데 이런 차이가 있다면 무슨 이유가 있지 않겠습니까?

〈문제1의 답〉

대구법	만일 저희가 제안하는 시스템을 구축하시게 되면 일을 시작하면서 컴퓨터를 켜고 기다리는 답답함이 없어지고, 외부활동 중에 받은 메일 자료가 회사에 있어서 해결 못 하는 어려움이 없어지며, 그것 때문에 요청자에게 전화해서 양해를 구하면서 느끼는 미안함이 없어집니다. 정말 좋은 시스템이지요.
열거법	지금까지 여러분이 시스템이 따라주지 못해서 있었던 어려움을 나열해 볼까요? 첫째, 일을 시작하면서 컴퓨터를 켜고 시스템에 접속하면서 너무 오래 걸려 화나셨죠? 둘째, 외부에서 활동하다가 메일 보냈다고 처리해달라는 고객 요청 자료가 회사에 있어서 답답하셨고요. 셋째, 이러이러 하니 조금 기다려달라고 양해를 구하면서 정말 미안하셨고, 창피하셨지요? 이런 문제들은 시스템을 구축하면 사라집니다.
의인법	이번에 저희가 제안하는 시스템이 얼마나 훌륭하냐 하면요. 일 시작하면서 시스템 접속하느라 기다리는 시간을 해결해 드립니다. 밖에서 받은 메일 자료는 회사 컴퓨터에 있어도 바로 여러분의 스마트폰으로 처리하도록 도와드립니다. 그러나 괜히 고객에게 기다려 달라고 전화해서 미안해하지 않아도 될 뿐 아니라 시간도 절약해드립니다. 어지간한 동료보다도 나은 친구가 되는 거죠.

〈문제2의 답〉

직유법	여러분 기억 속에는 이런 친구가 있습니다. 함께 열심히 공부했고 때로는 내가 더 공부 많이 했는데 성적은 친구가 더 잘 나오는 그런 친구 말이지요. 소위 말하는 일류기업, 마치 우리의 기억 속에 있는 그 친구 같지요. 그 친구가 무언가 다른 점이 있어서 시험을 잘 본 것처럼 잘나가는 기업들도 무언가를 가지고 있겠죠.
은유법	소위 말하는 일류기업을 한마디로 표현하면 이런 친구예요. 같이 공부하다가 잠시 쉬자고 해서 함께 쉬고, TV 한 프로그램만 보자고 해서 함께 보고 같이 공부했는데 정작 성적은 훨씬 잘 나오고, 따라가려 노력하면 할수록 차이는 더 나는 그런 친구, 느낌이 오시죠? 이제 그 친구와 우리의 차이점을 알아볼 때입니다.

인용법	(신문기사를 보여주며) 여러분이 보시는 내용은 지난번 대입 수능 수석 인터뷰입니다. 여기 보면 특별한 과외 안 했고, 수업 시간에 열심히 했고, 교과서 위주로 공부했답니다. 더구나 잠 잘 것 다 자고, 놀 것 다 놀면서 했답니다. 이것은 대입 수석한 사람들이 매년 말하는 전형적인 레퍼토리 아닙니까? 이것 믿으시나요? 아니요. 무언가 있겠지요. 우리 회사와 잘나가는 기업 간에도 무언가 있을 거예요. 그럼 지금부터 이에 대해 찾아봅시다.

PRESENTATION

이것이 신뢰감을 주는 음성 표현이다

자신을 믿어라. 자신의 능력을 신뢰하라.
겸손하지만 합리적인 자신감 없이는 성공할 수도 행복할 수도 없다.

-노먼 빈센트 필

타고난 목소리를 바꾸는 것은 어렵고, 바꾸는 훈련을 한다더라도 단시간 안에 이루기는 불가능하다. 그러나 우리가 조금 주의하고 연습하면 신뢰감을 주는 음성표현은 만들어 낼 수 있다.

한 프랜차이즈의 가맹점주 모집을 위한 설명회장에 가본 적이 있다. 프레젠테이션을 시작하면서 많은 사람은 발표자의 목소리에 커다란 매력을 느끼는 듯했다. 여기저기서 "와! 목소리 좋다"는 말이 나오고 사람들도 관심을 두고 듣기 시작했다. 그러나 시간이 흐를수록 청중의 집중력은 무서운 속도로 떨어지고 있었지만, 발표자는 여전히 좋은 모습과 멋진 목소리로 프레젠테이션을 진행하고 있었다.

20분 정도 시간이 흐르자 일어서는 청중, 자기들끼리 이야기하는 청중, 심지어 지그시 눈을 감고 있는 청중이 생겨나고 곧 발표장의 분위기는 어수선해지기 시작했다. 하지만 발표자의 모습은 그리고 보여주는 여유는 처음과 전혀 다른 것이 없었다.

왜 이런 현상이 발생하는 것일까? 문제는 자기소개, 인사 그리고 사람들의 관심을 끄는 발표자와 자기 가맹점주가 되면 어떤 지원과 혜택을 받을 수 있는지를 설명하고 있는 발표자가 동일인이라는 것이었다. 물론 이 짧은 발표를 여럿이 나누어서 할 필요는 없고 그럴 수도 없다. 다만 한 사람이 프레젠테이션을 하더라도 다른 사람처럼 목소리도, 보이는 모습도 변화해야 한다는 것이다.

청중의 집중력을 유지하는 것은 성공적인 프레젠테이션을 위해 필수적인 요소이다. 전문가들은 학생이 아닌 '일반인들의 집중력은 25분이 한계'라고 말한다. 그러나 그 상황도 청중의 관심을 끌었을 때이며, 청중의 관심이 없다면 10분도 어렵다고 이야기한다. 결국, 특별한 기술이 없이는 청중의 집중력을 유지하기가 어렵다.

청중의 집중력을 유지하기 위해서 발표자는 청중의 시각과 청각을 지속해서 자극해야 한다. 적절한 긴장감을 유지해야 하며, 감각을 자극하기 위한 기법들을 활용해야 한다. 다음은 청중의 집중력을 높이는 방법이다.

가. 목소리 톤의 변화를 준다

톤의 변화 없이 일정한 목소리로 진행되는 프레젠테이션은 청중을 지루하게 만든다. 또한, 이 프레젠테이션을 통해서 발표자가 꼭 전달하고 싶은 메시지가 무엇인지 알기도 어렵다. 하지만 톤의 변화가 너무 자주 있으면, 청중은 어수선해 하고 매우 민감해져 있으며, '본인이 기대하는 정보가 언제 나올까' 하는 생각에 빠져 실제 다른 이야기는 관심을 두지 않을 수도 있다. 톤의 변화를 주는 방법에는 2가지가 있다.

하나는 강조를 위해 한 단어에 악센트를 주는 경우이다. 의도적으로 한 단어의 높이나 길이를 변경시키는 것이다. 이 방법은 너무 자주 사용하거나 잘 못 사용하면 의미가 바뀌는 일이 생기므로 조심스럽게 사용해야 한다.

또 하나는 문장 전체에 악센트를 주는 방법이 있다. 이 방법은 프레젠테이션의 핵심의미 문장, 중요한 인용문 등에 사용하며 청중에게 매우 중요한 의미 정보를 가진 문장이라는 인식과 특별한 관심을 끌게 한다. 일반적으로 주위 문장보다 음성의 세기와 높이를 '더 높고 더 강하게' 하지만 속도와 발음을 '약간 천천히, 더 명료하게' 한다. 가끔은 주위 문장보다 세기와 높이를 '약하고 낮게' 하는 일도 있다. 이런 톤의 변화를 통해서 청중의 집중을 유지할 수 있다.

나. 펄스Pause를 활용한다

펄스는 말 그대로 '잠시 멈춤, 여백'을 의미한다. 전화 통화하는 중에 상대의 목소리가 잘 들리지 않는다. 당신은 어떻게 하겠는가? 여러 방법이 있을 것이다. 송화기를 막고 있으면 더 잘 들리는 경우도 있고, 상대에게 좀 더 큰 소리로 이야기해달라고 부탁할 수도 있다. 그러나 정말 효과적인 방법은 잠시 말을 하지 않거나 목소리를 더 작게 내는 것이다. 그렇게 되면 상대는 전화 상태가 좋지 않아서 당신이 말을 알아듣지 못할까 봐 더 큰 목소리로 이야기하게 된다.

프레젠테이션에서도 이런 상황은 적용된다. 말의 연속보다도 잠시 멈춤, 즉 펄스가 청중을 집중시키는 데 효과적일 때가 많다. 연구결과에 의하면 펄스 뒤의 단어는 청중이 더 집중해서 듣는 경향이 있다고 한다.

'나는 어제 영희를 때리지 않았다'	어제 누군가가 영희를 때렸으며, 나는 아니다.
'나는 어제 영희를 때리지 않았다'	나는 영희를 때리기는 했으나 어제 때리지는 않았다.
'나는 어제 영희를 때리지 않았다'	나는 어제 누군가를 때렸지만 영희를 때리지는 않았다.
'나는 어제 영희를 때리지 않았다'	나는 어제 영희에게 무슨 행동을 했지만 때리지는 않았다.

펄스 사용의 예를 들어보면 다음과 같다.

1 인사 후 본 프레젠테이션에 들어가기 직전에 자세는 조금 길게 취한다.

'안녕하십니까? 오늘 프레젠테이션을 맡은 ○○○입니다. **(잠시 펄스, 미소와 함께 시선 순환시킴)** 오늘 이렇게 바쁜 일들을 잠시 미루시고 참석해주셔서 정말 감사드립니다.'

2 청중이 집중하지 않을 때 잠시 펄스와 함께 미소를 짓는다. 이때 표정이 굳어지면 안 된다.

3 내용의 구분을 두기 위해 잠시 펄스를 둔다.

'이상 프로젝트를 실시하게 된 배경에 대해서 말씀드렸습니다. **(잠시 펄스)** 다음은 프로젝트 진행 일정에 대해서 말씀드리겠습니다.'

4 관련 있는 여러 가지 정보를 함께 강조하는 경우

'지난 분기에는 **(펄스)** 60명의 사우가, **(펄스)** 1인당 평균 4.3건의 업무 개선 제안을 해 주셔서 총 **(펄스)** 258건이 접수되었으며, 그중 **(펄스)** 70건이 채택되어 **(펄스)** 제안 채택률은 **(펄스)** 27%였습니다.

이처럼 펄스의 적절한 활용은 청중을 집중시키고, 중요한 것을 강조하는 데 효과적인 방법이다. 그러나 펄스를 너무 자주 사용하면 프레젠테이션이 유창하지 못하고 답답하다는 느낌을 줄 수 있으니 주의하자.

다. 장단을 이용한다

말의 장단 즉 길이를 활용하면 청중의 집중력을 유지할 수 있다. 의도적으로 강조하고 싶은 단어나 문장의 길이를 변화시키는 것이다.

"여러분이 프레젠테이션을 잘하고 싶다면 우선 이것부터 실천에 옮기셔야 합니다. 그것은 프레젠테이션의 기회가 있을 때 그 기회를 망설이지 말고 꼭 잡으라는 것입니다."

강조할 내용에 대한 강조는 그 속도를 늦추어 길게 말하고 펄스를 함께 활용하는 것이 좋다.

막힘없는 유창한 프레젠테이션이 반드시 좋은 것만은 아니다. 유창함도 일정 시간 지속하면 청중의 집중력을 떨어뜨릴 수가 있기 때문이다. 당신의 말에 변화를 주어 청중의 청각을 강하게 자극해야 한다. 악센트, 펄스, 장단의 사용을 계획하고, 청중의 주의를 당신에게서 멀어지지 않도록 하라.

PRESENTATION

시선을 통해 제대로 커뮤니케이션하는 법

자신감은 위대한 과업을 달성하기 위한
첫 번째 요건이다.

-새뮤얼 존슨

입사 6년 만에 처음으로 경영진과 개발자들 앞에서 새 제품의 디자인을 소개하게 된 김 대리는 떨리는 마음을 감당하기 어려웠다. 그래도 어렵게 얻은 기회이므로 어느 하나라도 소홀할 수 없었다. 꼼꼼하게 프레젠테이션 자료를 준비해서 원고를 작성하였고 눈 감고도 외울 수 있을 만큼 연습하였다.

철저한 준비 때문에 그리 걱정은 하지 않았다. 외운 대로 연습한 대로 프레젠테이션만 하면 되는 상황이었다. 뛰어난 프레젠테이션은 애초부터 기대하지 않았다. 큰 실수 없이 마치면 된다고 생각하고 마음을 굳게 먹고 프레젠테이션을 하였다.

준비한 대로 유창하게, 그리고 실수 없이 프레젠테이션을 마치고 나름대로는 만족해하고 있었다. '역시 준비가 철저한 만큼 실수도 적었다' 라고 생각하고 있는 김 대리에게 팀장이 다가와서 던진 말은 청천벽력과 같았다.

"김 대리, 이렇게 중요한 프레젠테이션은 준비를 철저하게 해야 하는 것 아냐?"

'아니 이렇게 열심히 준비한 발표를, 그리고 그렇게 눈에 띄는 실수도 없었는데, 이게 도대체 무슨 이야기지?'

"어떻게 시종일관 슬라이드 화면을 보고 읽을 수가 있나? 프레젠테이션 내용을 숙지하긴 한 거야?"

그도 그럴 것이 김 대리는 프레젠테이션의 시작부터 마지막까지 슬라이드 화면을 보고 있었다. 프레젠테이션이 진행되면서 청중의 관심은 멀어지고 있었지만, 슬라이드 화면을 보고 있는 김 대리는 이 사실을 알리가 없었던 것이다.

시선을 활용해 또 하나의 커뮤니케이션을 시도할 수 있다. 이때는 절대로 소외당하는 청중이 없도록 주의해야 한다. 현장에서 프레젠테이션 기술을 강의하고 훈련하다 보면 자신도 모르게 부정적인 시선 사용을 많이 하고 있다는 것을 금방 알 수 있다. 심지어 프레젠테이션 주제와 자신을 소개하면서까지 슬라이드를 쳐다보는 발표자들이 무척 많기 때문이다. 어려운 데이터나 내용을 발표하면서 슬라이드를 보는 것이야 어쩔 수 없지만, 프레젠테이션 주제, 심지어 자시의 이름을 이야기하면서도 슬라이드에 의존한다는 것은 문제가 많다. 또 그것을 지적하면 "긴장해서 그렇지요"라고 대답하기도 한다. 그러나 10년 넘게 프레젠테이션 기술을 강의해 온 경험에 의하면 긴장해서 그런 것이 아니라 이미 습관이 되어 버린 것이다. 그런 습관은 초보 발표자, 긴장한 발표자로 보이게 한다.

능숙한 발표자와 미숙한 발표자의 차이는 언변에서도 찾을 수 있지만 시선 교환에서 쉽게 찾을 수 있다. 능숙한 발표자의 프레젠테이션에서는 청중이 마치 자기 한 사람을 위해서 이야기하고 있다는 느낌이 들게 할 만큼 시선의 교환이 활발하다. 미숙한 발표자는 주로 원고나 슬라이드 화면을 보고 이야기하며 청중은 발표자가 보고 읽는다고 느낀다.

발표자가 청중을 향해 시선을 교환한다는 것은 이런 의미를 가진다.

먼저, 커뮤니케이션하고 싶다는 의사를 나타낸다. 시선은 커뮤니케이션의 중요하고 효과적인 수단이다. 텔레마케팅을 통한 판매가 어려운 것도 바로 시선을 교환하지 않고 상대를 설득해야 하기 때문이다. 눈을 마주하고 하는 대화보다도 거절하기가 훨씬 쉽다. 만일 당신의 남자친구가 전화로 프러포즈한다고 생각해보라. 정말 맘에 드는 남자로부터 기다리고 있던 프러포즈라면 몰라도 당신은 쉽게 거절할지도 모른다.

더불어 청중의 피드백을 구하고자 하는 느낌을 줄 수 있다. 그러므로 청중은 더 집중해서 당신의 프레젠테이션을 들으려 노력할 것이다. 다음으로 감정을 주고받을 수 있다. 당신이 심각하게 말하는 것을 심각하게 받아드리게 하려면 시선 교환이 필수다.

마지막으로 시선 교환은 상호작용의 정도를 의미한다. 만일 반응이 없는 청중을 향해서 프레젠테이션 한다고 생각해보라. 얼마나 무미건조하고 힘이 들 것인가?

이처럼 성공적인 프레젠테이션에서 청중과의 활발한 시선 교환은 정말 중요하다. 그러나 긴장 속에서 발표하면서 시선 교환을 하는 것은 쉬운 일이 아니므로 의도적으로 많이 연습하고 노력해야 한다.

가. 기본적인 시선의 방향은 청중에 둔다

프레젠테이션을 할 때 발표자의 시선은 청중을 향해 있어야 한다. 결코, 프레젠테이션 원고나 프레젠테이션 슬라이드에 머무르는 시간이 길면 안 된다. 특히 발표자가 말을 이어갈 때는 청중을 향해서 이야기하고 있어야 한다. 일반적으로 프레젠테이션 하는 모습을 보면 원고를 보면서 이야기하거나, 슬라이드를 향해 주로 서 있는 것을 볼 수 있다.

철저한 준비를 통해서 청중을 바라보면서 이야기해야 한다. 이때 시선은 청중 모두에게 골고루 가도록 한다. 발표자의 시선에서 벗어나 있는 청중이 프레젠테이션에 집중하고 있는 일은 드물다.

나. 사각지대에 관심을 가져야 한다

발표자가 신경 쓰지 않으면 사각지대가 생긴다. 예를 들면 강단의 왼쪽에서 프레젠테이션 하는 때에는 왼쪽, 오른쪽에서 발표한다면 오른쪽 앞부분이 사각지대가 되기 쉽다. 또 일반적으로 앞자리에 위치한 청중이 반응 속도와 회수가 높으므로 자칫 뒤쪽에 앉은 청중이 사각지대가 된다. 만일 청중이 30명 이상이라면 앞자리는 덜 주어도 된다. 그 이유는 앞에 앉은 청중은 참여하고자 하는 의욕이 있어서 발표자에게 집중하는 성향을 띄기 때문이다.

사각지대에 있는 청중에게는 필요 이상으로 신경을 쓰는 것처럼 시선을 주려고 노력하라. 그렇게 되면 사각지대 사이에 있는 청중에게는 자연스럽게 시선의 배분이 이루어질 것이다.

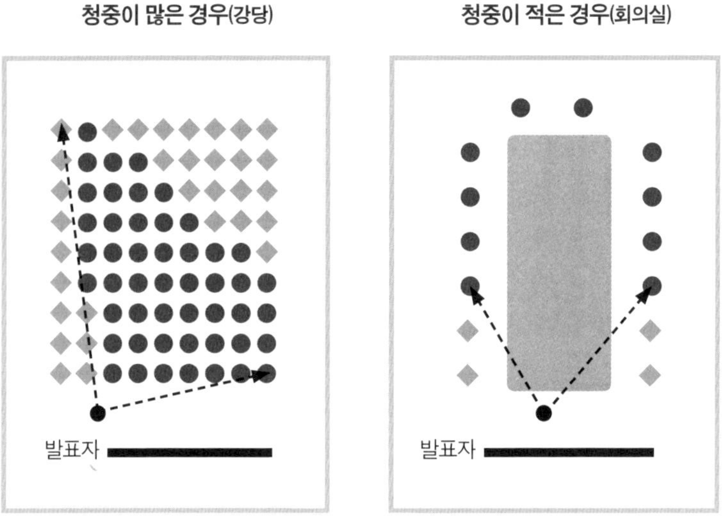

다. 다음과 같은 경우 한 사람에게 시선을 2~3초간 머무른다

골고루 시선을 분배하더라도 이런 청중에게는 시선을 잠시 머물러주는 것이 좋다. 첫 번째는 발표자의 프레젠테이션에 대해 공감을 표시하는 청중이다. 이렇게 호의적인 청중에게 잠시 머무르게 되면 발표에 자신감을 얻을 수 있고, 그 주변에 있는 사람들을 끌어당길 기회가 생긴다.

두 번째는 프레젠테이션과 관련이 있거나 중요한 인물에 대한 친근함의 표시가 필요하다고 생각될 때이다. 이런 중요한 인물에 대해 시선을 좀 더 주면서 설득하면, 설득의 효과가 더 높아지고 그들도 자신을 예우하고 있다고 느낄 것이다. 마지막으로 주의집중이 필요한 청중에 대한 시선 주기이다. 조금 소란하거나 주의가 산만한 청중을 향해 시선을 주게 되면 주의 집중의 효과를 얻을 수도 있다.

라. 아이컨텍이 힘들면 눈에서 조금씩 비껴간다

시선을 안배하면서 청중과 눈이 마주치기가 불편하다면 조금씩 비껴가는 것도 좋은 방법이다. 청중의 인원이 적다면 눈과 눈 사이를 바라보면 상대는 당신이 자신과 눈을 마주치고 있다고 느낀다. 청중이 많다면 청중 한 명 한 명을 바라보려고 하지 말고 지역을 나누어서 시선을 안배하면 된다.

청중의 좌석이 라인을 형성하고 있다면 한 라인에 2~3초 정도 머무르면서 프레젠테이션 하는 것도 하나의 방법이 될 수 있다. 그리고 초반에 청중과 눈을 마주하려고 하지 말고 아직 긴장 상태라면 청중의 머리 위를 본다든지, 책상을 본다든지 하는 청중 근처의 대상을 쳐다보면서 진행한다. 그러면 쉽게 긴장을 이길 수도, 청중도 '자신들도 바라보면서 프레젠테이션한다'는 느낌이 들게 할 수 있다.

청중과 시선을 교환하는 것은 청중과 커뮤니케이션 하고 싶다는 의사표시이며, 감정을 교환하는 상호작용이다. 청중 모두가 프레젠테이션에 집중할 수 있도록 시선을 안배하라. 시선에서 멀어진 청중은 당신의 프레젠테이션에 대한 관심이 멀어지게 되며, 이런 청중의 수가 늘어나게 되면 결국 프레젠테이션은 실패로 끝날 수도 있다는 것을 명심하라.

PRESENTATION

제스처와 표정 잘 활용하는 법

자신이 생각하기에 따라
인생이 달라진다.

-마르쿠스 아우렐리우스

제스처와 표정은 또 하나의 커뮤니케이션 수단이다. 제스처와 표정의 힘은 언어적인 표현보다 더 강할 수 있다. 무성영화를 통해 전설이 된 '찰리 채플린'의 영화를 보면서 참 많은 것을 느낀다. 아무런 대사도 없는 영화를 통해 전하고 싶은 메시지를 모두 전달하고 있을 뿐 아니라 관중의 상상력과 감정을 다스리는 것을 보면 놀랍기도 하고, 표정과 몸짓으로 전달하는 메시지의 한계에 대해 다시 생각하게 된다.

오케스트라 공연을 본 적이 있는가? 오케스트라 공연이 우리의 청각 자극을 통한 예술 공연이라는 점은 두말할 것도 없다. 그러나 우리는 귀로는 그들이 연주하는 곡을 들으면서 눈으로는 지휘자의 몸짓을 본다. 뒷모습이긴 하지만 그의 지휘하는 모습은 우리가 음악을 더 쉽게 잘 느끼게 하는 것이라는 점에 이의가 없을 것이다. 케이팝K-Pop의 성공이 음악 이외에 시각적인 성공이라는 점에 동의할 수 있을 것이다. 이런 시각적 표현들은 보는 사람이 집중하게 해주고 관심을 끌게 할 수 있다.

실제 언어를 사용한 내용의 전달은 많은 한계가 있다. 내용을 전달하는 수단으로는 언어가 효과적일 수 있으나, 감성의 정도와 그 수준을 청중에게 전달하기에는 한계를 가지기 때문이다. 그러나 제스처는 감성의 강도를, 표정은 감성의 수준을 표현하는 효과적이고 강력한 수단이다. 어쩌면 제스처는 인간이 언어를 형성하기 전부터 사용하던 커뮤니케이션 수단일지도 모른다. 언어를 사용하지 않고 제스처에만 의지해서 커뮤니케이션이 일부 가능한 것을 보면 말이다.

또한, 사람들은 흥분하거나 몹시 어려운 메시지를 전달하고자 할 때 제스처를 더 많이 쓴다. 이는 언어가 자기 생각과 감정을 충분히 전달하지 못하는 데에서 오는 자연스러운 현상일 것이다. 가끔 지나치게 흥분하면 말은 나오지 않고 제스처가 먼저 나오는 성급한 사람들도 있다.

그러나 프레젠테이션에서 제스처를 연구하고 잘 활용해야 하는 이유는 메시지가 제스처를 동반할 때 사람들은 더 많은 정보를 기억해 내기 때문이다. 프레젠테이션의 효과를 높이려면 적절한 제스처와 동반이 필수적이다. 이런 제스처는 다음과 같은 원칙을 지키면서 사용하면 효과적이다.

가. 제스처와 적절한 크기와 회수를 지킨다

프레젠테이션할 때 제스처의 크기를 조절하지 못하면 프레젠테이션 효과를 떨어뜨리게 된다. 제스처가 너무 크면 청중의 시선이 분산되고 집중력을 떨어뜨리는 일이 생기기도 하고 강조할 곳에서 제대로 강조할 수가 없게 된다. 반대로 너무 작으면 발표가 자신감이 없어 보이기도 한다. 프레젠테이션의 신뢰도에 영향을 미칠 수 있다.

일반적으로 제스처는 상하로 배꼽에서 머리 정도, 좌우로는 어깨너비 정도를 범위로 정하고 그 안에서 움직이는 것이 좋다. 그래야 청중의 시선이 발표자에게 집중될 수 있다. 하지만 가끔은 이 범위를 벗어나야 할 필요가 있다. 청중의 수가 많으면 이보다 조금 더 크게 움직이는 게 좋고, 정말 강조해야 할 필요가 있다고 느껴질 때는 한 번쯤 이 범위를 벗어나는 것도 좋다.

제스처는 프레젠테이션의 효과를 높여주는 보조수단이다. 제스처의 횟수가 너무 많으면 정작 강조할 부분이 강조되지 못 하는 일도 있다. 그리고 프레젠테이션 하는 이의 제스처가 청중의 시선을 분산시키거나 묶어두기 때문에 제스처를 사용하는 효과가 떨어진다. 따라서 제스처는 한 문장에서 한 번만 쓰는 것이 좋다.

나. 프레젠테이션을 시작할 때 손의 위치를 잡는 것이 중요하다

적절한 제스처를 취하기 위해서는 우선 인사 후 손의 위치가 매우 중요하다. 사람에 따라 다르겠지만 자신이 제스처를 자연스럽게 쓰지 못한다면 우선 손을 배꼽 위에서 모으는 것이 좋다. 일반적으로 제스처를 잘 사용하지 않는 사람들은 아래쪽에서 손을 모으거나 뒤쪽에서 손을 모으고 만일 아래쪽에서 모으면 잘 올라오지 않고, 제스처가 허리 아래쪽에서 이루어지는 때가 많다. 이를 극복하기 위해서는 인사 후에 배꼽 위에서 손을 모으는 것이 좋다. 손을 모으면서 깍지를 끼거나 한 손으로 다른 한 손을 잡지 않아야 한다. 일반적으로 손을 끼거나 잡으면 손을 신경 쓰지 않아도 될 테니 발표자 본인은 마음이 편할 수 있다. 그러나 처음에 제스처를 잘 쓰지 않으면 발표자의 자신과 여유를 표현하는 데 제약이 따른다.

그럼 손은 어떻게 해야 할까? 다음 그림처럼 한 손으로 다른 한 손을 가볍게 감싸듯이 모아야 하고, 포인터처럼 무언가 필요한 물건을 들고 있다면 절대 손으로 잡지 말고 가볍게 끼워줘야 한다. 이런 물건을 손으

손을 위에서 모은다
바르게 서서 손을 배꼽 위에 모으고 있는 모습

손을 모으는 방법
포인터를 손에 끼워 다른 한손으로 감싸고 있는 모습

로 꽉 잡고 있다면 그 손은 사용하기도 어렵고 사용해도 보기 좋지 않다. 한 손으로 무언가 물건을 쥔 상태로 흔들면서 이야기하는 것은 보기 좋지 않을 뿐 아니라 내용에 따라서는 위협적인 모습을 보일 수도 있다. 엄지에 가볍게 끼워진 상태라면 손을 펴서 제스처를 할 수도 있다. 이렇게 손을 모았을 때 팔꿈치는 옆구리에서 떼어주는 것이 좋다. 팔꿈치가 옆구리에 붙으면 자칫 작고 빠른 제스처를 할 위험이 있다.

다. 일단 내밀었으면 잠시 멈춘다

현장에서 프레젠테이션 스킬을 강의하다 보면 느끼는 것이 제스처와 말의 빠르기가 많은 관계가 있다는 것이다. 말이 빠른 사람들은 2가지 중 한 가지 특징을 가진다. 바로 제스처의 크기가 작거나 제스처가 빠르다. 제스처의 크기가 작은 사람은 그 제스처에 맞추어서 말이 빠르기도 하고 시간이 남아서인지 같은 제스처를 반복하기도 한다. 제스처가 빠른 사람은 말이 세거나 좀 어수선해 보이기도 하고, 말이 빠른 특징들을 가진다. 그래서 현장에서 이런 사람들을 훈련하기 위해서 '일단 내밀고 내민 상태로 말을 하다가 들이는 방법'을 지속해서 강조한다.

말이 빠르거나 센 사람들은 아주 작게 그리고 자주 사용하고, 그러다 보면 제스처의 세기에 맞추어 말이 빠르고 센 경우를 자주 본다. 그래서 어깨너비 정도나 팔꿈치가 펴지지 않는 정도로 내밀고 이야기 하다가 문장의 마무리쯤 들이는 연습을 해보면 도움이 된다. 물론 내밀고 난 다음 변화를 표현하기 위해서 다른 제스처로 바뀌는 일은 예외로 해야 하겠지만 말이다.

라. 다양한 제스처로 내용을 강화한다

제스처를 쓰면서 유의해야 할 것 중 하나가 적절하지 않은 제스처, 의미 없는 제스처의 반복이다. 제스처는 내용과 관계가 있어야 한다. 그래서 내용에 따라 달라지기도 해야 하고, 크기의 변화나 방향의 변화도 있어야 한다. 물론 꼭 이렇게 해야 한다고 정해진 것은 아니지만 일반적인 원칙은 있다. 그림을 참조해서 제스처를 개발하고 사용하기 바란다.

다양한 제스처의 활용

1 환영할 때

2 질문을 하거나 받을 때

3 손가락 사용

4 입장의 대비

5 시간, 절차 등을 나타냄

6 양의 비교

7 양의 변화

8 크기의 변화

9 아주 작은 크기/양

10 아주 큰 크기

11 강조

12 금지

마. 무의식적인 동작에 주의한다

제스처를 계획하고 사용하는 데 있어서 주의해야 할 것은 다음과 같은 무의식적인 동작이다. 만지작거리기, 손 앞에, 손 뒤에, 팔짱 끼기, 허리에 손, 호주머니 손, 기우뚱한 자세, 몸 흔들기, 몸 의탁하기, 잔 끄덕임과 같은 동작은 발표자의 의사와 관계없이 프레젠테이션의 신뢰도나 청중의 감정에 영향을 미칠 수 있다. 실전과 같은 연습을 통해서 이런 동작들을 수정해야 한다.

바. 표정은 밝거나 결연해야 한다

표정에서 긴장감을 나타내면 청중은 발표자에 대해 신뢰하지 못한다. 발표자가 신뢰를 얻지 못한다는 것은 프레젠테이션 내용에 상관없이 실패할 가능성이 높다는 것이다. 프레젠테이션 중에 발표자가 취해야 할 표정은 밝거나 결연하거나 둘 중의 하나이다. 심각하거나 긴장하거나 무표정한 상태로 프레젠테이션을 진행해서는 안 된다.

그러니 언제나 밝은 표정으로 시작하라. 정말 위기감을 조성해야 한다거나 강한 주장을 할 때를 제외하고 발표자의 표정은 밝고 자신감 있어야 한다. 특히 도입단계에서는 조금 지나치다 싶은 수준의 미소를 지어야 한다. 그러면 청중은 당신에게 기대하는 마음을 가질 것이다.

심각한 이야기를 할 때는 무언가 자신 있는 해결책을 내놓을 수 있는 확신에 찬 표정으로 진행한다. '어려운 문제에 봉착해 있다'는 말을 할 때도 당신은 의기소침해 하면 안 된다. 당신은 위기라고 말하려고 청중 앞에 선 것이 아니고 해결책을 내놓기 위해서 그들 앞에 선 것이기 때문이다.

PRESENTATION

자신도 모르게 프레젠테이션을 망치는 나쁜 습관

인생은 흘러가는 것이 아니라 채워지는 것이다.
우리는 하루하루를 보내는 것이 아니라 내가 가진 무엇으로 채워가는 것이다.

-존 러스킨

안녕하세요? 만나 뵙게 되어서 정말 반갑습니다. 오늘 여러분께 새롭게 바뀐 인사규정 부분에 대해서 설명해 드릴 인사팀의 ○○○입니다.

음~ 오늘 말씀드릴 내용은 음~ 먼저 인사규정을 변경하게 된 취지 부분에 관해서 말씀드리도록 하겠고요. 어~ 다음에 인사규정의 바뀐 부분을 말씀드리도록 하겠습니다.

어~ 우선, 인사규정을 바꾸게 된 이유를 말씀드리자면 음~ 기존의 규정이 여러 가지 단점을 가지고 있었는데요. 그 단점은 첫째로, 오래 근무하신 분들에게 돌아가는 혜택 부분이 상대적으로 좀 적은 경향이 있었습니다. 그러다 보니 장기근무자들이 불만을 가지시는 부분이 좀 있었습니다.

둘째로, … (중략)

이상 인사규정을 변경하게 된 취지 부분을 설명해 드렸고, 음~ 이번에는 인사규정의 바뀐 부분을 설명해드리겠습니다.

나의 강의에 참석했던 어떤 이의 프레젠테이션을 그대로 옮겨 적어놓은 것이다. 지면을 활용하다 보니 읽는 이들이 실감나게 느낄지 모르겠으나, 이렇게 발표하는 사람들이 뜻밖에 많다. 또 나중에 촬영된 모습을 보여주면 그제야 현실을 깨닫고 놀란다.

본인도 모르는 사이에 청중에게 인식되는 좋지 않은 습관을 극복하지 않는 한 발표력을 기르고자 하는 노력은 효과를 발휘하지 못한다. 우리의 탁월한 프레젠테이션을 방해하는 것으로 '의식하지 못한 습관'에 대해 생각해보자. 내용에 앞서 깔끔하지 못하다는 인상을 주게 된다. 발표자의 습관으로부터 비롯된 이런 인상은 프레젠테이션의 내용에 대한 신뢰감을 떨어뜨리고, 청중의 집중력에 커다란 손상을 입힌다.

프레젠테이션에 대한 철저한 준비와 원고를 완벽하게 정복하고 적당한 표정과 제스처를 쓰더라도 이런 습관은 우리가 모르는 사이에 발표를 방해한다. 청중에 따라서는 이런 습관에 무척 집착하고 트집 잡는 이도 있다는 것이다.

프레젠테이션에 영향을 미치는 습관은 언어적, 비언어적인 것이 있다. 언어적 습관은 말 그대로 말을 하면서 나오는 것이고, 비언어적 습관은 의도하지 않은 제스처를 의미한다. 비언어적 습관은 이미 제스처에서 언급했으므로 여기서는 언어적 습관에 대해 다루도록 하겠다.

가. '에~'와 같은 어벽을 극복한다

혹시 어릴 때 교장 선생님이 조회시간에 했던 훈화(訓話)를 기억하는가? 일반적으로 교장 선생님들은 '에~'를 문장과 문자 사이의 접속사로 많이 사용하셨던 것 같다. 전혀 의미도 없고, 없어도 문장의 연결이 전혀 어색하지 않은데도 자주 사용하셨고, 조회시간에 얄궂게도 그 '에~' 소리의 횟수를 세던 친구들도 있었다.

하지만 그런 어벽을 우리도 많이 가지고 있다. 문장과 문장, 또는 단어와 단어 사이에 의미 없는 소리를 많이 낸다. 연습할 때 비디오 촬영을 해보면 '음~', '어~' ,'또~' ,'저~' 같은 소리를 의외로 많이 내고 있음을 알 수 있다. 또 한숨 소리, '쩝' 소리 등은 청중의 기분을 매우 상하게 할 수 있다.

그러나 중요한 것은 자신은 그런 소리를 내고 있다는 것을 모른다는 것이다. 이 어벽을 극복한다는 것은 정말 어려운 일이다. 이 어벽을 극복하기 위한 첫 번째 단계는 바로 그 사실을 인지하는 데 있다.

본인이 모르고, 남들이 지적한다고 해도 '그런가?' 하고 생각만 할 뿐 보기 전에는 잘 모른다. 촬영을 통해서 인지하고 의식하면서 연습하고 또 촬영해서 검토하는 것을 반복하라. 그리고 주변 사람들에게 부탁해서 지속해서 지적해 달라고 하라. 이 어벽의 극복만으로도 당신의 프레젠테이션은 무척 세련되어질 것이다.

나. 의미 없는 습관 어를 제거한다

습관어라 함은 의미 없는 소리는 아니라는 점에서 어벽과 구분한다. 사용해서 문제가 되지는 않지만 반복되면 남들에게 인식되고 신경 쓰이게 하는 말이다. 예를 들어 문장과 문장 사이에 '그러니까'를 계속 사용한다.

"지금 현재 경쟁사의 추격은 아주 맹렬한 속도로 진행되고 있습니다. 그러니까 우리는 지금보다 더 노력해야만 합니다. 그러니까 이런 변화를 시도해야 합니다."

"우리 회사의 제품은 지난 30여 년간 고객의 사랑을 받아왔습니다. 그러니까 지금의 우리 회사가 존재하는 것입니다. 그러니까 이제 그 고객을 유지하기 위한 특별한 정책이 필요한 것 아니겠습니까?"

하지만 이렇게 이야기하는 사람에게 왜 그렇게 '그러니까'를 많이 사용하는지 물어보면, 본인은 자기가 그런 습관이 있는지도 모른다. 사실 모르니까 못 고쳤을 테지만 말이다.

요즘 기업에 강의를 가서 발표를 보면 '부분'이라는 말을 무의식적으로 사용하는 이들이 많이 있다. 문장에 '부분'을 빼면 오히려 뜻이 더 분명해지는 데도, 습관적으로 사용한다.

"우리 팀이 가장 어렵게 생각하는 부분은 인력의 부족도 있지만, 업무의 구분이 확실치 않은 부분입니다."

내가 기업에서 교육팀장으로 근무하던 시절에 팀원의 말에서 '부분'을 빼느라 아주 혹독하게 지적하고 혼냈던 기억이 있다. 하지만 이렇게 지적으로 고치는 데는 한계가 있다. 앞서 말한 어벽이든, 습관어든 본인이 발표하는 모습을 촬영해서 보지 않는 한 인식하기도 어렵다. 앞에서 한 팀원은 '부분'에 대해 너무 심한 지적을 받자, 그를 의식한 나머지 전에 없던 '에~'를 사용하기 시작했다.

다. 자연스러운 어투가 가장 효과적이다

교육 중에 가끔 자신의 말투가 공격적이라는 말을 자주 듣는다는 고민을 상담해오는 이들이 있다. 그것도 여성이 그런 고민을 하고 있다면 무척 심각한 상황이다. 여성이라고 해서 꼭 친절하고 부드러운 어투로 발표해야 한다는 것은 아니지만, 여성의 강점을 살리고 있지 못하는 것은 분명한 사실이다. 이런 경우 제스처를 부드럽게 하거나 '요' '죠'체를 적당히 섞어서 사용하면 일부 보완이 되기도 한다.

출신 지역이 주는 한계를 극복한다는 것은 매우 어렵다. 이미 성인이 되어버린 지금, 오랫동안 지녀왔던 언어적 습관을 바꾸기란 쉽지 않은 일이다. 그런데 이런 훈련을 계속하다 보면 놀라운 사실을 발견하게 된다. 사투리 때문에 어색해지는 것보다 사투리를 신경 쓰느라 어색해지는 점이 더 많다. 다시 말해 사투리를 쓰지 않고 발표하느라 발생한 어색함보다 크다는 것이다.

지방에서 태어나 그 지방 말을 쓰는 것은 잘못된 일이 아니다. 차라리 자연스럽게 발표하는 것이 낫다. 요즘 우리나라는 방송을 비롯한 매체의 발달로 제주 방언을 제외한 거의 모든 지역의 사투리를 온 국민이 알아듣는 시대가 되었다. 만일 당신이 방송이 직업이거나 말하는 직업을 가지고 있는 것이 아니라면 굳이 그 사투리를 고치려고 노력할 필요가 없다.

라. 이런 습관은 프레젠테이션이 아닌 일상에서 고치려 노력한다

이런 습관을 고치기 위해서 원인을 찾아내야 한다. 이런 좋지 않은 습관이 나오게 되는 이유를 물어보면 '긴장해서'라고 말들 하지만 그건 사실과 다르다. 이런 습관은 대부분 생활 속에 있다.

어떤 이유를 통해서 이런 습관을 갖게 되었는지 알 수는 없지만 이런 습관들은 평상시에 쓰고 있던 것들이 대부분이다. 자신은 모르고 있고 주변 사람들도 익숙해져서 느끼지 못했던 것들이 발표하는 과정에서 긴장이 더해지고 빈도(회수)가 높아지며 청중의 집중력이 높아진 상태라서 더 크게 느껴지는 것이다.

따라서 이런 습관은 프레젠테이션이 아닌 일상 속에서 고쳐져야 한다. 나는 이런 습관이 있는 이들에게 혹시 조만간 중요한 프레젠테이션이 있거든 이런 습관에 대해서는 신경도 쓰지 말고 하라고 한다. 괜히 이런 행동을 의식하고 올라가면 프레젠테이션에 대한 부담도 많아질뿐더러 의식하지 못했던 것들이 의식이 되고 나면 더 긴장해버리고 실수하는 일도 많다. 주변에 있는 이들에게 부탁해서 자신이 이런 버릇을 고치고 싶으니 자꾸 이야기해달라고 하는 것이 효과적이다.

프레젠테이션에 흠집을 내는 습관들을 고쳐야 한다. 이런 습관들은 프레젠테이션 중에 한 번만 나오는 것이 아니고 지속해서 나와 청중의 감정을 상하게 하고 집중력을 떨어뜨린다. 이런 습관을 극복하기 위해서는 자기 눈으로 확인하는 것이 가장 효과적이다. 현상을 확인하고 지속해서 고쳐 나가야 한다.

PRESENTATION

연습은 실전 같이 실전은 연습 같이 할 것

인간을 현재의 모습으로 판단한다면 그는 더 나빠질 것이다.
하지만 그를 미래의 가능한 모습으로 바라보라. 그러면 그는 정말로 그런 사람이 될 것이다.

-요한 볼프강 폰 괴테

프레젠테이션 능력을 향상하기 위한 가장 효과적인 방법은 실전 경험을 쌓아가는 것이다. 실전 경험은 실력을 늘려주는 대신 기회를 줄일 수도 있기 때문이다.

'프레젠테이션 준비는 다 끝났다'고 생각했습니다. 내용도 완벽했지요. 자연스럽게 진행되는 스토리에, 정말 데이터는 철저하게 준비했거든요. 그리고 직접 준비한 만큼 내용 숙지도 잘 되어 있었습니다. 평소 사람들 앞에서 이야기하는 것에 대해서 큰 두려움도 없었습니다. 학교 다닐 때 친구들이 프레젠테이션은 저에게 모두 맡길 정도였습니다. 입사 면접 때도 5분간 주제 프레젠테이션 하는 과정이 있었고 그 엄청난 경쟁률을 뚫고 취업했으니 제가 프레젠테이션은 좀 한다는 자신감을 가질만하지 않겠어요? 그러다 보니 주변에서 '연습해야 하지 않겠느냐?'라는 말들을 했지만 전 그것보다 내용 준비, 슬라이드 꾸미기에 더 집중했습니다. 그리고 팀장님께서 프레젠테이션 전에 내용을 검토해보시고 좋다고 하시기에 준비에 대해서는 자신감이 있었습니다. 지금 생각해보면 그게 실수였지요.

프레젠테이션을 시작하고 인사말까지는 무난했습니다. 그리고 열심히 발표했습니다. 프레젠테이션이 끝나고 사람들의 반응이 영 시원찮은 거예요. 그래서 팀장님께 여쭤봤습니다. 그랬더니 팀장님께서 대뜸 화난 표정으로 '도대체 프레젠테이션 준비는 한 거야? 사장님께서 참석하시는 그 중요한 발표를 그렇게 준비 없이 하나?'라고 이야기하시는 겁니다. 전 도무지 영문을 모르겠더군요. 그래서 동료들에게 물어봤지요. 그랬더니 동료들 이야기가 열심히는 한 것 같고 잘하는 것 같기는 한데 좀 어수선했고, 제스처도 너무 많고, 한 이야기 또 한 것도 여러 번이라고 하더군요. 도대체 뭐가 문제였을까요?

중요한 프레젠테이션을 망치고 나서 너무 속상해하면서 나에게 늘어놓은 어느 기업의 모 과장의 푸념이다. 물론 나는 "연습을 안 하셔서 그렇습니다"라고 간단하게 대답했다.

프레젠테이션을 준비하면서 연습을 소홀히 한다는 것은 곧 자동차 운전 방법을 학습하고 연습하지 않는 것과 같이 위험하다. 피아노 연주법을 책을 통해서 익히고 피아노를 연주할 수 있겠는가? 아마도 그럴 수 있다고 생각하는 사람은 자신이 천재 모차르트라고 착각하는 것과 다름없다.

프레젠테이션도 마찬가지다. 발표는 머리로 하는 기술이 아니고 온

몸으로 하는 기술이다. 수영처럼, 달리기처럼 온몸을 사용해야 한다. 머리로 발표를 준비하고서 실패하는 사람을 많이 봤다. 그리고 자신이 뛰어난 프레젠테이션 기술을 가지고 있기 때문에 내용만 숙지하면 된다고 착각하는 사람도 봤다.

특히 요즘 중·고등학교는 물론이고 대학의 수업들이 프레젠테이션 형식으로 많이 진행되고 기업의 입사 전형 중에 주제발표, 프레젠테이션 등의 방법들이 많이 사용되다 보니 신입사원 중에 자신이 프레젠테이션을 아주 잘하는 줄 착각하는 경우가 많다. 중요한 것은 이런 발표는 현업에서 하게 되는 것과 다르다는 것을 이해하지 못해서이다.

그렇다면 학교 수업 중 과제 프레젠테이션과 현업에서의 프레젠테이션은 어떻게 다를까? 대부분 학교의 프레젠테이션은 내용 중심적이고 정보 전달 위주이다. 대학의 수업 중 프레젠테이션이 앞의 청중을 설득하는 경우는 거의 없다. 자신들이 조사한 내용을 잘 펼쳐 보이면 되고 앞의 교수나 동료 학생들에게 전달하는 것이지 그들이 뭘 하라고 설득하는 일은 없다는 말이다.

입사 전형에서 하는 주제 발표는 그 사람이 적절한 지식과 생각을 학 있는지를 판단하는 자리이지, 프레젠테이션 스킬을 평가하는 자리가 아니다. 물론 전혀 영향을 미치지 않는다는 것은 아니다. 따라서 '내가 학교 다닐 때 프레젠테이션을 좀 했다느니', '주제발표 면접을 거쳐서 입사했으니 내가 기본적인 능력과 소양을 가지고 있는 것이 아니겠냐?'와 같은 것은 자칫 위험한 생각이다.

물론 선천적으로 프레젠테이션을 잘하는 사람은 따로 있다. 그러나 그런 사람은 정말 드물다. 이 글을 쓰는 나 역시 프레젠테이션에 대해 강의하고 있고, 강의를 직업으로 삼는 강사이지만 청중 앞에 서면서 가장 두려울 때는 만족스러울 만큼의 준비가 되어 있지 않을 때이다.

프레젠테이션에서 나타나는 자기의 습관은 자기가 모르는 것이 대부분이다. 자기도 느끼지 못하는 사이에 제스처 상의 문제가 나타나기도 하고, 말버릇이 나오기도 한다. 자기도 모르게 했던 이야기를 또 하기도 한다. 자기가 모르는 것들을 스스로 고칠 수 없다. 먼저 알아야 하기 때문이다. 이런 것들을 고치기 위해서는 연습밖에 없다. 지금부터는 프레젠테이션 연습에 대해 알아보자.

가. 동영상을 촬영하면서 연습한다

아직 동영상을 촬영하면서 연습하는 것 이상으로 효과적인 발표력 향상 방법을 알지 못한다. 사람이 육안으로 관찰할 수 있는 자신의 신체 표면적은 50%도 채 되지 않는다고 한다. 심지어 거울을 하나 사용하더라도 자신의 신체를 모두 다 관찰할 수 없다. 또한, 자신이 듣는 자신의 목소리는 실제의 자기 목소리와 다르다. 남들은 공기의 울림에 의한 당신의 목소리를 듣지만, 당신은 공기의 울림에 의한 자신의 목소리보다 신체의 울림에 의한 자신의 목소리를 더 크게 듣는다. 그래서 자신의 목소리를 녹음해서 들으면 어색한 것이다.

음치 클리닉을 하는 곳에 가 본 적이 있다. 음치들은 자신이 듣는 목소리와 실제의 목소리가 너무 다르다고 한다. 그래서 공기의 울림에 의한 자신의 목소리를 확인하는 방법으로 양동이를 뒤집어쓰고 노래를 시작하는 것으로 치료를 시작하고 있었다.

그러므로 자신의 프레젠테이션 모습을 마치 제삼자의 모습처럼 볼 방법을 선택하는 것이다. 요즘 스마트폰 덕분에 촬영해서 자신의 모습을 쉽게 볼 수 있다. 옛이야기지만 촬영하고 싶어도 촬영하기 어렵던 시절보다 얼마나 좋아진 것인가? 그래서 요즘 프레젠테이션 기술 강의에 가서 분반해서 반별로 연습할 수 있는 시간을 줄 때 꼭 당부하는 것은 앞에 나와서 연습하는 이의 스마트폰으로 촬영해서 자신이 확인하도록 하는 것이다. 또 실제 프레젠테이션 모습을 촬영해두고 가끔 보면 발표력 향상에 큰 도움이 될 것이다.

나. 주위 사람들의 도움을 받는다

촬영하는 것이 효과적이긴 하나 주변의 도움과 함께 하면 더 큰 도움을 줄 수 있을 것이다. 주위의 동료나 가족들에게 내가 프레젠테이션 연습을 할 테니 좀 봐달라고 이야기하는 것은 많은 용기가 필요하다. 자신의 프레젠테이션에 대해 걱정하면서 남 앞에 서는 것에 대한 두려움과 부끄러움을 가지고 있다면 더욱 그렇다. 그러나 정작 발표력을 향상하겠다고 결심한 사람이 주위 사람들에게 한 번 봐달라고 부탁하는 용기를 가지지 못한다면 어찌 훌륭한 프레젠테이션을 기대하겠는가?

그렇게 실제 사람들을 앞에 두고 프레젠테이션 연습을 하면 당신은 실전과 가장 가깝게 할 수 있고 당신 혼자 동영상을 보면서 발견하지 못할 것들에 대해 피드백도 받을 수 있다. 왜냐하면, 우리 모두보다 현명한 한사람은 없기 때문이다. 그러니 그들에게 큰맘 먹고 부탁하라. 그가 누구든 평소에 당신과 어떤 사이든 상관없이 당신의 프레젠테이션은 그만큼 좋아질 수 있다.

다. 피드백은 겸손하게 받아들인다

동영상을 촬영했든, 남들로부터 피드백을 받든 당신은 무조건 수용하는 태도를 보여야 한다. 그 사람이 당신의 윗사람이든, 배우자이든, 후배든 상관없이 일단 그들의 의견은 아주 사소한 것이라도 당신에게는 약이 된다.

겸손한 자세로 마음에 들지 않더라도 일단은 그들이 고치라는 것은 그대로 고쳐서 해본다. 강의장에서 발표력에 관한 교육을 하면서 자주 느끼는 것은 다른 이의 피드백을 기분 좋게 수용하는 사람이 그리 많지 않다는 것이다. 그래서 나는 프레젠테이션 훈련 중에 함께 참석한 다른 이의 피드백에 대해서 절대 변명하거나 자기 생각을 말하지 못하게 한다. 무조건 받아들이고 그대로 해보게 한다. 말로 들었을 때보다 막상 해보면 다른 느낌이 나기도 한다.

주위의 피드백을 들을 때는 구체적이고 자세할수록, 강할수록 당신에게 도움이 된다는 점을 잊지 말아야 한다. 도와주기 위해 온 그들이 마음 놓고 피드백할 수 있는 분위기를 만들어주어야 하고, 간곡한 부탁도 해야 한다. 어차피 당신의 프레젠테이션이 성공적으로 끝나려면 듣는 사람의 마음에 들어야 한다. 당신의 프레젠테이션에 대한 평가는 듣는 사람의 몫이므로 당신은 무조건 감사하는 마음으로 받아들여야 한다.

라. 체크리스트를 활용하여 몇 번이고 연습한다

연습을 어떤 상황에서 하던 원칙을 정해놓고 하라. 발표를 구성하는 요소들에 대해 기준을 정해놓고 매번 점검할 수 있도록 해야 한다. 그리고 그 체크리스트를 당신도 사용하고, 도움을 줄 수 있는 주위 사람들에게 제공하라.

만족할 수준이 될 때까지 몇 번이고 연습해야 한다. 연습에서 만족할 수준이 되었어도 실전에서 그만큼 실력을 발휘하기도 어렵다. 하물며 연습이 부족해서야 실전에서 어떤 결과를 얻을지 눈에 보이지 않는가?

프레젠테이션 연습 체크리스트 (예)

항목	내용	현상	개선방법
시선	안배		
	멈춤		
	사각지대		
음성	속도		
	고저		
	강약		
	쉼		
	습관어		
	전문용어		
제스처	관련성		
	시기		
	빈도		
표정	진지함		
	미소		

발표력을 향상하는 방법은 철저한 준비와 많은 연습밖에 없다. 준비 없는 연습은 효과가 떨어지고 연습 없는 준비는 긴장감만 더해 줄 뿐이다. 실전 경험은 분명 당신의 발표력을 향상하는 최고의 방법이지만 실패한 경험이 쌓일수록 당신에게는 기회가 줄어들 것이다. 기회가 왔을 때 잡고 싶다면 열심히 연습하라.

PRESENTATION

★ ★ ★ PART 5 ★ ★ ★

청중의 시선과 마음을 사로잡는 프레젠테이션의 기술

PRESENTATION

당신 혼자 말하고 있다면 그건 프레젠테이션이 아니다

나는 유별나게 머리가 똑똑하지 않다. 특별한 지혜가 많은 것도 아니다.
다만 나는 변화하고자 하는 마음을 생각으로 옮겼을 뿐이다.

-빌 게이츠

성공적인 프레젠테이션을 위해서는 발표자와 청중이 상호작용을 많이 주고받는 것이 좋다. 일방적으로 전달하지 말고 상호작용을 위해 질문한다.

감독 지난 일요일 나는 이기기 위해 최선을 다하는 팀을 봤다. 우린 졌다. 우리의 노력이나 정열이 부족해서가 아니라 리더십과 신뢰가 부족해서였다. 한 가지는 해결되었지만, 신뢰가 없으면 리더십은 말짱 헛것이다. 팀원들 간에 신뢰가 쌓이기 위해선 몇 년이 걸린다. 그걸 일주일에 바라는 게 무리인 줄 알지만 우리에게는 그만큼의 시간이 없다. 다들 이번 시합을 걱정한다는 것 안다.

(칠판에 크게 'FEAR공포'라고 쓰며) 진정한 남자는 공포를 인정한다. 오늘의 토론 주

제는 바로 이것이다. 누가 먼저 말할래? 공포에 대해 이야기해 보자.

클리퍼드 전 거미가 무서워요. (다들 웃음)

감독 그런 공포가 아니야.

자멜 저도 거미가 무서워요.

안드레 나도 거미만 보면 왕 쫄아.

감독 그런 뜻이 아니라….

점보 거미가 팔뚝에 올라와 본 적 있어?

자멜 네, 팔에?

점보 황당하지.

텀 고마워. 점보 깨는 소리만 해줘서.

감독 그런 거 말고 필드에서 느끼는 공포 말이야.

클리퍼드 필드에 사는 거미요? (다들 웃음)

감독 거미 이야기 그만할래?

점보 벌?

다 함께 벌?

감독 곤충 말고 다른 게 무서운 사람 없어?

쉐인 유사요. 표사(漂砂)라고도 하며 해안 부근이나 강의 입구에 나타나는 세립사로 구성된 퇴적층. 일반적으로 공극을 통해 흘러 올라가는 물에 의해 전체적으로 포화되어 있으므로 표층 위에 놓여 있거나 닿아 있는 무거운 물체를 쉽게 빨아들이거나 삼켜 버릴 수 있을 정도로 거의 액체와 같은 성질을 가짐 (해양과학용어 사전, 2005.10.7. 아카데미서적).

클리퍼드 맞아요. 유사도 무서워요. 빠졌다가 비명 지르면 입에 모래가 들어가죠.

감독 쉐인이 말한 뜻은 그게 아닌 것 같은데?

클리퍼드 네?

감독 그런 뜻이 아니야.

클리퍼드 그럼요?

감독 직접 물어봐.

클리퍼드 무슨 뜻이야?

쉐인 풋볼을 하다 보면 모두 완벽하다고 생각되지만 그러다 하나가 뒤틀리면 또 다른 하나가 그다음에 또 다른 하나로. 해결하려고 애를 써보지만 노력할수록 더 깊이 빠져. 움직일 수 없을 때까지. 숨이 막힐 때까지. 우리 능력 밖의 일이니까. 유사처럼.

점보 진짜 어렵다. 무지무지.

감독 다른 사람?

클리퍼드 편의점으로 돌아가는 것.

잭슨 조선소.

점보 자동차 공장.

맬컴 감옥.

감독 좋았어. 너희는 운동선수들이 꿈꾸는 것을 받았다. 만회의 기회지. 너흰 기회를 날려버릴까 봐 두려운 거야. 우리 모두 다 그래. 하지만 이젠 우리의 공포를 공유했으니 같이 이겨내자. 이번 주 일요일 그 공포를 샌디에이고에 퍼부어 버리자.

다 함께 좋았어.

정규 선수들의 파업으로 대체 선수들로 팀을 이끌어가는 내용의 영화 〈리플레이스먼트〉에서 첫 게임을 지고 난 후 회의 후에 감독(진 해커만)

이 질문을 통해서 선수들의 참여를 끌어내는 장면이다. 엉뚱한 이야기가 나와도 참고 기다리면서 하고 싶은 이야기를 할 분위기를 만들어 내고 있다. 만일 감독의 말에서 질문을 빼고 그 내용을 설명으로 채운다면 어떤 모습이 될까 상상해보라.

숙련되지 않은 발표자들이 프레젠테이션에 대해 가지고 있는 오해가 있다면 그것은 바로 '혼자, 열심히 말하는 것'이다. 유창하게 끊임없이 이야기하는 것이 잘하는 프레젠테이션이라고 생각하지 마라. 프레젠테이션은 절대 일방통행이 아니다. 청중이 듣고 어떻게 느끼든 상관없다고 생각한다면 발표자로서 책임감이 없는 것이다. 청중의 참여를 끌어내고 그 참여 속에서 지지를 얻으며 그를 통해 청중의 변화를 기하는 것, 이것이 발표자가 책임져야 할 임무이다. 청중의 참여를 끌어내기 위한 효과적인 방법은 질문이다. 프레젠테이션에서 질문은 여러 가지 긍정적인 효과를 얻어낸다.

첫째, 청중을 집중시킨다. 아마도 학창시절에 선생님께서 수업 중에 "11번!" 하고 불러서 질문을 던졌던 기억이 있을 것이다. 그럼 11번은 물론이고 나머지 학생들도 그 질문에 대해 집중하기 시작한다. 프레젠테이션에서도 마찬가지다. 청중 전체를 향해서든, 청중 한 명을 지목해서든 질문을 던지면 청중 전체가 긴장하고 관심을 두게 될 것이다.

둘째, 사람은 자기와 같은 입장의 사람이 인정한 명제에 대해서 쉽게 설득당한다. 발표자가 주장하는 것보다 자기와 같은 청중이 인정하면 따라서 인정하고 설득되는 경향이 있다.

셋째, 청중의 흥미를 유지할 수 있다. 일방적인 전달보다는 상호 작용을 통해서 청중은 발표자와 그 내용에 대해 흥미를 유지할 것이다.

이런 질문을 던지는 데에도 기술이 필요하다. 질문은 잘 사용하면 훌륭한 도구가 되지만 자칫 발표자와 청중 사이의 장벽이 될 수도 있기 때문이다.

가. 대답하기 쉬운 질문을 선택한다

질문은 누구나 대답할 수 있어야 한다. 만일 질문받은 청중이 대답하는 데 어려움을 느낀다면 발표장의 분위기가 발표자를 외면하는 분위기로 바뀔 수 있다.

전문적인 내용이나 지나치게 수사학적인 질문은 피하라. 누구나 평소에 생각하거나 바로 자기 생각을 정리해서 답할 수 있는 내용이어야 한다. 만일 조금 어려운 질문을 해야 할 상황이라면 먼저 대답할 수 있는 청중을 가려내야 한다. 예를 들면 다음과 같다.

"혹시 이 강의장 안에 플라스틱으로 만들어진 제품이 뭐가 있을까요?"

"스마트폰이 우리에게 주는 긍정적인 영향과 부정적인 영향 한 가지씩만 말씀해주시겠습니까?"

나. 어떤 답변도 인정한다

가끔 기대하는 답이 아닌 다른 내용의 답을 말하면 발표자가 그 답변자를 설득하려고 하는 경우를 볼 수 있다. 때로는 논쟁으로 발전하는 일도 있다.

"선생님, 한 가지 여쭈어도 될까요? 건강관리에 있어서 가장 중요한 것이 무엇일까요?"

"규칙적인 운동이라고 생각하는데요."

"그것 말고는 없을까요?"

"글쎄요, 딱히 다른 게 생각나지 않는데요."

"혹시 충분한 영양 섭취에 대해서는 생각해보지 않으셨습니까?"

"현대인들은 지나친 영양 섭취가 문제 아닌가요?"

이렇듯 한 청중과 이렇게 논쟁이 시작되면, 청중은 은근히 청중이 이기기를 바라기도 하고, 다른 이들은 관심을 잃어버리기도 한다. 설사 발표자가 논리로 제압한다고 해도 다시 발표자에게 집중시키기는 어려울 것이다. 기대하는 답변이 아니어도 이렇게 대답하라.

"물론 규칙적인 운동이 중요한 것은 누구나 인정하는 중요한 사항입니다. 혹시 영양섭취에 관심을 가져보지 않으셨습니까?"

이렇게 먼저 청중의 답변에 대해 인정하면 그 사람은 이후로 호의적인 답변을 해줄 것이다.

절대로 답변한 청중에게 이런 말을 사용하지 마라.

"그건 모르셔서 하시는 말씀입니다."

"저는 그렇게 생각하지 않습니다."

이런 답변은 그 청중을 테러리스트로 만들지도 모른다. 질문에 답하는 청중을 테러리스트로 만들지 말고 당신의 프레젠테이션을 도와줄 수 있는 조력자로 만들어야 한다.

다. 존중하는 태도를 유지한다

질문을 한 후 답변하는 동안에는 그 사람과 시선을 교환하면서 고개를 끄덕이라. 표정 또한, 공감하는 모습을 보여야 한다. 답변의 내용이 어떻든 간에 당신은 그 사람의 말을 끝까지 들어야 한다. 가끔 답변이 길면, 요약해주는 센스도 보여야 한다.

"아, 그러니까 선생님의 말씀은 자동차를 구매하는 데 가장 중요하게 생각하는 항목이 경제성이란 말씀이시죠? 연비, 세금, 소모품 가격과 같은."

발표자들이 간과하기 쉬운 것이 질문한 사람에 대한 칭찬과 감사이다.

"성의 있게 답해주셔서 감사합니다. 평소 이 문제에 대해 많이 생각하시는 것 같습니다."

"전문가적 견해, 앞으로 참조하겠습니다. 감사합니다."

이렇게 상대를 인정하고 존중하면서 질문을 사용한다면 당신은 더욱 매력 있고 친근한 발표자가 될 것이다.

라. 개방형 질문을 사용한다

개방형 질문은 자기의 생각과 주장을 자유롭게 서술하도록 하는 것이고, 폐쇄형 질문은 긍정과 부정 중에서 대답을 택하게 유도하는 것이다.

"아파트를 선택할 때 우리 어머니께서 중요하게 고려하는 것에는 무엇이 있을까요?"

이렇게 질문하면 개방형 질문이다. 질문받은 사람은 자연스럽게 자기 생각과 주장을 말할 수 있다.

"아파트를 선택할 때, 주변 환경을 중요하게 고려해야 한다는 생각에 동의하십니까?"

이런 질문은 '예'나 '아니요'로 답할 수 있는데 이를 폐쇄형 질문이라고 한다. 가능한 폐쇄형 질문은 사용하지 않는 것이 좋다. '예'를 기대고 질문을 했는데 '아니요'가 나오게 되면 발표자는 진행하는 데 어려움을 겪을 수 있기 때문이다. 그러나 발표자 본인이나 다른 사람의 답변에 동의를 구하여 주장을 강화하는 방법으로 폐쇄형 질문이 좋다. 예를 들면 다음과 같다.

"저기 어머니께서 외곽에서 아파트를 선택하실 때 시내 접근성 즉 교통문제가 아주 중요하다고 이야기하셨는데 동의하세요?"

프레젠테이션은 절대로 일방통행이 되어서는 안 된다. 적절한 질문으로 청중의 관심을 잡아두고, 참여시켜서 공감을 얻어내야 한다. 그리고 질문으로 설득하라. 청중이 답변을 통해 인정한 것은 대부분 청중의 공감을 얻어내는 데 효과적이다.

PRESENTATION

청중의 특성을 제대로 파악하는 기술

전력을 다하여 자신에게 충실하고 올바른 길로 나가라. 참으로 내 생각을 채울 수 있는 것은 나 자신뿐이다. 나를 변화시킬 수 있는 건 오로지 나뿐이다.

-우렐리우스

입사 후 처음 주요고객들을 대상으로 신제품 론칭에 대한 설명회의 프레젠테이션을 맡은 최 대리는 꼼꼼하게 파워포인트 자료를 확인하고 프레젠테이션 원고를 검토했다. 지난번 리허설 차원으로 팀 내 시범 프레젠테이션 자리에서 앞으로 발표자를 맡아도 되겠다는 인정을 받은 상태라서 그리 문제가 될 것 같지 않았고, 나름대로 자신감도 있었다. 발표장에 사람들이 모였고 프레젠테이션이 시작되었다.

"이렇게 많이 참석해 주셔서 감사합니다. 저는 오늘 설명회의 발표를 맡은 최○○입니다. 이 자리에서 소개할 제품은…."

준비한 내용으로 원활하게 발표가 진행되고 있는 것처럼 보였지만 청중들의 반응은 그리 썩 좋아 보이지 않았다. 최 대리는 점점 당황하는 기색이 역력했다. 지금쯤이면 청중이 고개도 끄덕여주고 관심도 가져줄 것 같았는데 이유를 몰랐다.

더 문제였던 것은 프레젠테이션을 마치고 가진 질의응답 시간이었다. 도대체 무슨 질문인지도 파악하기 어려운 기술 전문용어와 약어를 사용한 질문에 최 대리는 제대로 대응하기도 어려웠고, 보다 못한 과장이 앞에 나와 대응하는 사태까지 발생하였다. 그 자리에 참석한 고객사의 청중들은 대부분 이와 같은 일을 10여 년씩 해온 베테랑 기술자들이었지만 최 대리의 프레젠테이션 준비는 구매부서의 담당자들에게 초점이 맞추어져서 비용과 효과를 강조하였기에 벌어진 일이었다.

이런 일은 발표장에서 자주 일어난다. 특히 여러 대상을 놓고 같은 주제로 프레젠테이션 하는 경우 이런 실수를 하게 될 확률이 더 높다. 이런 일이 발생하는 이유는 프레젠테이션을 준비하면서 매번 청중에 대해 분석하지 않기 때문이다. '지피지기知彼知己면 백전불태百戰不殆'라는 말처럼 청중을 알고 자신을 알아야 탁월한 발표자가 될 수 있다.

발표하는 이유는 청중을 위해서 정보를 전달하고 그들의 마음을 움직여 발표자의 입장을 지지하거나 발표자가 제시한 방향으로 의사 결정을 하게 하기 위해서이다. 그렇다면 청중에 대해서 제대로 분석하고 치밀하게 준비해야 한다. 단순히 발표자 자신의 의견을 전달하는 자리가 아니라면, 청중의 모든 것을 알려고 노력해야 한다. 청중의 규모, 성별, 직업, 직위, 부서, 의사결정자에 대해서 알아야 하며 특히 청중의 전문성에 대해서 잘 알아야 한다.

청중의 전문성은 발표자가 발표를 준비하는 수준을 결정하는 데 사용되며, 가끔 청중의 수준에 따라 발표자를 바꾸어야 하는 상황도 연출한다. 예를 들어 참석자들이 엔지니어 과장급이라면 설령 우리 측 발표자가 아무리 뛰어난 지식을 가지고 있어도 과장급 이상으로 바꾸어주는 것이다. 단순히 '잘 안다, 모른다'는 차원을 넘어 자신들보다 더 많거나 최소한 비슷한 경험을 가지고 있는 발표자에 관해 관심을 더 가지기 때문이다. 단순히 능력만으로 평가해서 자신들보다 경험이 적은 발표자를 배치하면 자칫 자신들을 무시한다고 오해하는 청중이 있을 수도 있다.

청중이 주제에 관해 관심을 얼마나 가졌는지는 프레젠테이션을 준비하는 데 중요한 문제이다. 관심을 많이 가지고 있는 청중과 그렇지 못한 청중을 상대로 하는 프레젠테이션이 같으면 여러 문제가 발생한다. 그렇다면 청중의 주제에 대한 전문성 그리고 관심 수준에 따라 프레젠테이션 스타일은 어떻게 정해야 할까?

가. 청중의 전문성에 맞춘다

청중이 주제에 대해 전문가일 때 청중은 발표자에게 전문가로서의 정보나 견해, 식견을 기대한다. 청중의 기본적인 욕구는 자신이 잘 모르는 것, 새로운 정보에 대한 기대라고 볼 수 있다. 이를 만족하게 하려고 발표자는 많은 정보를 숙지해야 한다. 특히 정보를 찾는 초점을 구하기 어려운 것, 최신의 것에 맞추어야 한다.

정보의 형태도 통계, 실험 결과, 자료, 문헌과 같이 객관성을 확보한 것으로 꾸며야 한다. 가능한 자기 생각과 주장의 비중을 줄이는 것이 좋다. 전략적으로 질문을 통해 전문가로서의 견해, 식견을 청중으로부터 얻어낸다.

이런 청중은 프레젠테이션 내용에 대해 근거를 제시하도록 요청하거나 반론을 펼치기도 하며, 주제에 대해 깊은 수준의 설명을 요구하는 질문을 하는 경우가 많다. 프레젠테이션 외에 질의응답 시간에 대한 준비도 철저하게 해야 한다.

청중이 주제에 대해 잘 모를 때, 발표자들이 흔히 하는 실수가 전문용어를 너무 많이 사용하는 것이다. 이때 발표자는 알아듣기 쉽게 이야기하려고 노력해야 하는 것에 가장 신경써야 한다. 물론 무시한다는 느낌을 줄만큼은 아니더라도 쉽게 이야기하면서 청중의 이해를 확인해가야 한다. 또한, 전문적인 은어나 용어 사용을 주의해야 한다.

한 번은 이런 일이 있었다. 어떤 IT업체를 대상으로 고객 만족 관련 컨설팅을 위한 설명회에서 발표자가 고객 만족이란 말을 CS Customer Satisfaction라고 약어를 사용하였는데, 청중의 표정이 뭔가 이상하더란다. 나중에 알고 보니 그 청중은 평상시 사용하던 약어 CS Client Server와 자꾸 혼동되어 명쾌하게 이해하지 못하였던 것이다. 전문가 수준의 청중에게 통계, 실험결과 등의 정보를 제공하는 것과는 달리, 이럴 때는 가능한 일상사를 사례로 든다든지 경험담이나 예를 인용하여 내용과 청중을 가깝게 느끼도록 해주는 것이 좋다.

나. 청중의 주제에 대한 관심 수준에 맞춘다

주제에 대한 관심이 많은 청중과 관심이 적은 청중은 확실하게 구분해 발표를 진행해야 한다. 주제에 대한 청중의 관심 수준은 크게 높은 관심,

낮은 관심, 무관심의 수준으로 나누어 준비한다. 높은 관심을 보이는 청중에게 발표해야 할 때 많이 실수하는 것이 초반에 자칫 관심을 유도하는 서론이 길어지는 것이다. 이미 관심이 많은 데 관심을 가지라고 이야기하면 프레젠테이션이 장황해져 버릴 위험이 있다. 간단하게 그들의 높은 관심에 관해 확인하고 본론으로 들어가야 한다. 그리고 본론에서 제공하는 정보도 명쾌하게 요약된 것이 좋으며, 다음과 같이 그들의 높은 관심에 대해 칭찬하는 과정을 중간마다 넣어주면 효과적이다.

"이미 변화에 대응할 준비가 되어 있는 여러분이라서 제가 참 편합니다."

"이렇게 관심을 가져 주시니 발표할 마음이 생깁니다."

낮은 관심의 청중에게는 좀 더 자세한 설명이 필요하다. 그들은 관심이 없는 것이 아니라 관심을 가지고 있는데 실천 방법을 모르거나 실천 의지가 없는 이들이다. 그들의 낮은 관심에 대해 비판 혹은 저평가하는 말을 조심하라. 그런 경우 그들은 무관심 청중이 될 수도 있다. 그들의 낮은 관심에 대해 이해해주어라. 그리고 그들이 왜 그러는지 질문을 통해 그들이 꺼리거나 두려워하는 것들을 끄집어내야 한다.

"혹시 ○○○에 대해 본인의 생각을 여쭤봐도 될까요?"

"무엇이 문제라고 생각하세요?"

예를 들어 이런 질문을 통해 그들의 생각을 말하게 하고 "그렇게 생각하실 수도 있지요", "아, 그런 면이 있었군요. 제가 생각하지 못했던 점입니다"와 같이 그들의 생각을 존중해주어야 한다. 그러면 천천히 그들을 끌어당길 수 있을 것이다. 잘 모르거나 관심이 낮은 청중보다 더 어려운 대상이 아예 주제 자체에 관심이 없는 청중이다. 이들은 쉽게 맘을 열거나 경청하지 않고 관심을 가지지 않아 발표자를 매우 힘들게 하기 때문에 프레젠테이션의 목표를 달성해내기가 쉽지 않다.

이럴 때 발표자는 발표의 목적을 주제와 청중의 연결에 집중해야 한다. 내용이 청중과 어떤 연관성이 있으며, 청중에게 미치는 영향이 무엇이며, 왜 중요한지를 설명하는 데 상당히 많은 시간과 노력의 투자를 해야 한다. 또한, 일방적인 전달보다 관련성을 유도하는 질문과 동의를 구하는 작업을 지속해서 해 나갈 필요가 있다.

"고객이란 누구라고 생각하세요?"

"고객이 왜 중요하다고 생각하세요?"

"자동차를 사용하면서 가장 중요하다고 느끼는 것이 무엇입니까?"

"혹시 자신이 자동차를 만든다면 어떤 자동차를 만들고 싶으세요?"

이런 질문을 통해 청중의 관심을 주제로 끌어들이는 작업을 연구해야 한다.

다. 청중의 일반적인 특징에 맞춘다

청중의 일반적인 특징이란 흔히 말하는 인구통계학적인 특징들을 말한다. 인원, 성별, 나이와 같이 가장 기본적인 것들이기도 하지만 이 역시 프레젠테이션의 스타일에 크게 영향을 미친다. 인원은 발표자의 목소리 크기에 영향을 미치고 크게는 마이크, 프레젠테이션 자료, 화면 크기와 같은 시설에 영향을 미친다. 또한, 슬라이드의 글자 크기도 인원수에 따라 조정해야 한다.

나이에 따라 말의 속도 조절도 필요하고, 도입 부분의 소재도 달라져야 한다. 어린 청소년들을 대상으로 사자성어를 이용하거나 나이 드신 분들에게 아이돌, 걸 그룹의 예를 들어 발표를 시작한다면 이미 당신의 프레젠테이션은 실패했다고 봐야 한다. '설마 이렇게까지 하겠느냐?'라고 하겠지만 설마가 사람 잡는 경우를 여러 번 봤다. 이처럼 청중에 대해 아는 것은 좋은 프레젠테이션을 하기 위한 필수요건이다. 아래에 제공된 표와 같이 일정한 양식을 사용하면 도움이 된다.

구분	내용
청중의 규모	
청중의 부서	
청중의 직무	
청중의 전문성(주제에 대한)	
청중 내 핵심 이해관계자	
주제에 대한 성향(찬/반)	
성비, 나이 등 기타	

청중의 모든 것을 파악하라. 인원, 성향, 직급, 의사결정자와 같은 일반적인 상황은 물론이고 주제에 대한 전문성 관심 정도를 파악하며 프레젠테이션 내용과 스타일을 조절해야 한다.

성별은 남자와 여자의 차이를 이용한 프레젠테이션 스타일에 영향을 줄 수 있다. 남성이라면 논리적인 특징, 여성은 감성적인 특징을 이용해 슬라이드 자료를 준비하기도 하고 전체적인 프레젠테이션의 설계를 달리할 수도 있다.

예를 들어 남성들을 대체로 논리적인 특징을 사용해서 텍스트, 도표, 그래프 등을 사용하고, 여성들은 감성적으로 접근해 그림, 소리, 색상을 활용해 슬라이드 자료를 만든다. 프레젠테이션의 설계에서 남성이 많으면 결론을 이야기하고 증거를 제시하는 형태를, 여성이 많으면 이야기로 시작해서 본론으로 진입하는 방법을 선택하기도 한다.

PRESENTATION

청중의 관심을 최대한 이끌어내는 법

그간 우리에게 가장 큰 손해를 끼친 말은
'지금껏 항상 그렇게 했어'라는 말이다.

-그레이스 호퍼

오래전 어느 기업에서 교육팀장으로 일할 때이다. 유명한 외부 강사 한 분을 초빙했고 그분은 시간이 되어 오셨다. 손에는 노트북 가방을 들고 계셨고 우리 담당자가 "노트북을 설치해 드리겠습니다"라고 했더니 "아닙니다. 제가 할게요"라고 하셨다. 그러나 시간이 다 되어도 강사 분께서는 강의실에 들어가서 준비를 하지 않으셨다. 자신이 하겠다고 했는데 굳이 재촉할 수도 없었기에 담당자는 초조해지기 시작했다. 시간이 되자 그분은 일어서서 담당자에게 "내가 다 알아서 할 테니 따라오실 필요 없습니다"라고 말씀하시고 강의장으로 들어가셨다.

강의장에 뒷문으로 들어가시더니 뒤쪽부터 천천히 들어가시면서 교육생들과 무슨 이야기를 하시고 계셨다. 여러 명의 교육생과 이야기를 하시면서 앞으로 나가시더니 자연스럽게 노트북을 열어 켜시고는 그동안 자기소개도 하시고 오늘 이야기할 내용에 관해서 이야기하셨는데, 이미 교육생의 관심을 끌어가면서 앞으로 나가신 터라 무척 자연스럽게 강의를 진행하셨다.

세 시간 강의 중에 한 시간은 그렇게 자료 없이 진행하시고 나서 쉬는 시간에 강의 자료를 화면에 띄우시고 진행하셨는데 강의 자료는 매우 잘 정리되어 있었고, 이미 친해져 버린 교육생들은 마지막 시간까지 집중했다. 나중에 조사한 강의에 대한 만족도는 5.0 만점에 5.0이 나왔다. 한마디로 완벽한 강의였다.

항상 자료를 화면에 띄우고 준비된 상태에서 담당자가 강사 소개하고 박수로 환영하고 시작하던 말 그대로 뻔한 틀을 깨버린 강의였다. 이후 그 강사님을 자주 모시게 되었다. 그렇게 하는 이유가 '뻔한 게 싫고, 그렇게 격식을 갖추어 시작하면 교육생들과 무언가 벽을 느껴서 자신은 교육생들과 친해지는 작업을 먼저 한다'고 말씀하셨다.

그분의 그런 새로운 시도는 10년이 넘게 강의 생활을 하는 지금까지도 큰 영향을 주었다. '뻔한 내용을 뻔하지 않게 전달할 수 있는 능력' 그것이야말로 발표자가 가져야 할 능력이자 경쟁력이라 확신한다.

"안녕하십니까? 오늘 이렇게 ○○○에 대해서 발표할 기회를 주셔서 감사드립니다. 저는 오늘 발표를 맡은 김○○입니다. 오늘 발표드릴 순서는…."

언제나 어디서나 발표장에서 들을 수 있는 말이다. 물론 이런 진행에 대해서 비판하거나 부정하고 싶지는 않다. 이렇게 진행하는 것이 가장 무난하고 위험이 적은 방법이며 이 이후로 제시하고 싶은 방법은 때로는 큰 효과를 얻을 수 있지만, 때로는 매우 위험한 방법일 수 있기 때문이다. 다만 청중에 대해 충분히 분석했고 이런 방법이 좋을 거라는 확신이 있다면 과감하게 시도해볼 법하다. "상대방의 일을 화제로 이야기해준다면 상대방은 몇 시간이든지 귀를 기울여줄 것이다"라고 벤저민 디즈레일리는 말했다. 언제나 이 말을 기억하라.

가. 주제와 관련된 동영상이나 그림 먼저 보여주고 시작하기

때에 따라서 매우 강력한 인상을 주는 시작방법이다. 만일 고객사에 광고를 제안하는 프레젠테이션이라면 먼저 지금 고객사의 광고 동영상 혹은 경쟁사의 광고 동영상을 보여준다. 그리고 청중에게 문제점을 지적하게 하거나 자기 생각을 말하게 한다. 몇 번의 질문 후에 자신을 소개하고 오늘 발표할 문제에 대해 언급하면 인상적인 도입을 할 수 있다.

물론 인사 자기소개 후에 시작하는 방법도 있지만 한 번쯤 시도해볼 수도 있을 것이다.

전에 회사에서 등산동호회 회원을 모집하는 프레젠테이션을 한 적이 있다. 그때 1년 동안 등산동호회 활동 모습을 담은 사진을 이어 동영상을 만들고 그 앞에 "?"로 시작하고 궁금증을 유발한 다음 '3-2-1-0'로 카운트다운 그리고 사진이 전개되고 중간중간 동호회 회원들의 동호회 활동을 통해 얻은 점, 가입을 권유하는 인터뷰 영상을 넣었다. 발표가 시작되자 아무런 소개도 없이 바로 동영상을 상영하고 나서서 자기소개한 다음 청중의 느낌을 묻고, 가입 절차와 혜택 등에 대해 간단히 소개한 적이 있었다. 결과는 만족할만한 수준이었다.

나. 깜짝 놀랄만한 정보가 있다면 먼저 제시하기(충격주기)

변화, 혁신, 위기감 조성 등을 위해서 프레젠테이션을 할 때 평범하게 시작하기보다는 무언가 급한 소식을 전달하는 것처럼 시작하라. 이렇게 문제가 있다면 발표자가 누구인지가 중요한 것이 아니지 않은가? 예를 들면 다음과 같다.

"여러분께 처음 전합니다. 우리는 당연히 우리가 압도적인 업계 1위라고 자부해왔지만, 지금 상황을 보면 조만간에 이 말을 못 할 것 같습니다. 아니 지금 제가 발표하고 있는 이 순간에 1, 2위가 뒤집어지고 있을지도 모릅니다."

"얼마 전 건강검진을 하셨지요? 인사팀에서 제공한 정보에 의하면 우리 직원들의 평균 연령은 38.7세입니다. 그런데 건강검진 결과, 우리 직원들의 건강연령이 몇 세로 나왔는지 아십니까? 무려 51세랍니다. 이거 문제 아닙니까?"

다. 청중이 처한 모습을 생생하게 표현하기

이 방법은 청중이 현재 처한 상황을 발표자가 실제로 표현해주는 방법으로 아메리칸 에어라인과 광고대행사 DDB의 사례가 널리 알려져 있다.

아메리칸 에어라인은 만성 적자와 고객의 불만으로 이기지 못해 새로운 광고로 이미지를 쇄신하고 돌파구를 마련해보고자 광고대행사를 물색하고 있었다. 그래서 여러 광고대행사를 순회하던 중 DDB라는 대행사를 방문하게 된다. 그들이 DDB에 도착하여 회의실로 안내된 후, 30분이 지나도록 DDB직원들은 아무도 나타나지 않았다. 의아하게 생각하다가 화가 난 아메리칸 에어라인 사람들이 DDB를 떠나려고 벌떡 일어서는 순간에 DDB직원들이 나타났다. 그러나 그들은 기다리게 한 데에 대한 미안함이나 송구함은 전혀 찾아볼 수 없이 당당하고도 거만한 태도로 다음과 같이 말하였다.

"이제 우리의 프레젠테이션은 끝났습니다."

아메리칸 에어라인 참석자들은 몹시 당황하고 불쾌해서 어리둥절해 있을 때 DDB 사장은 이렇게 말을 이어갔다. "바로 지금 보신 것이 아메리칸 에어라인의 문제입니다. 이 문제에 대해 동의하지 않는다면 우리는 당신들에게 아무것도 해 드릴 것이 없습니다."

DDB는 아메리칸 에어라인이 시간을 지키지 않는 점, 연착, 그리고 승객에 대한 서비스 질의 저하 등 고객의 불만에 대해서 강하게 표현하고 있었던 것이다. 놀랍게도 아메리칸 에어라인의 사장은 DDB의 제안을 받아들여 광고대행 계약을 맺고, 이 당시의 상황을 재현한 소박하지만 솔직한 반성을 담은 인쇄 광고 캠페인을 전개하게 된다. 결과는 예상을 뛰어넘는 대성공이었다.

물론 위험한 행동이었다. 그러나 그만큼 목표 지향적이고 자신들이 표현하고 싶은 것에 확신을 가지고 있는 발표자라면 가능한 방법이다. 이와 유사한 장면을 실제 목격한 적이 있는데, 조직 내 청렴과 도덕성에 대해 프레젠테이션 하는 발표자가 멀쩡한 팔에 깁스하고 나와서 "제 팔에 깁스하고 있어서 놀라셨지요? 우리의 능력이고, 제대로 움직이지 못하는 왼팔은 우리의 도덕성입니다. 우리가 제대로 일하고 발전하기 위해서는 이 왼팔도 제대로 움직이게 해야 합니다"라고 시작하는 것을 본 적이 있다.

라. 필요하다면 실물 시연하기

만일 프레젠테이션 장소로 옮길 수 있고 시연이 가능한 물건이라면 발표자가 들고 나와서 시연하면서 하는 것이 효과적이다. 지금은 고인이 된 스티브 잡스가 맥북 에어를 서류봉투에 넣어가지고 나와 시연하면서 발표하는 장면은 매우 유명하다. 프레젠테이션 슬라이드를 통해서 그림을 보여주고 자료를 보여주는 것보다 훨씬 영향력이 강하고 신뢰도 확보하는 방법이다.

너무 안정적이고 보편적인 방법으로 발표를 시작하기보다는 좀 더 창의적이고 개성 있는 방법들을 모색해보자. 그리고 프레젠테이션 목적과 청중을 고려해서 시도해보는 것이 좋다. 이런 방법에 대해 주변 동료들 또는 경험자들과 상의해보는 것도 위험을 줄이는 방법이다.

정말 기억에 남는 프레젠테이션을 하고 싶다면 한 번쯤 모험을 해보라. 다만 이를 위해서는 자신의 목표를 명확하게 하고, 청중 분석을 철저하게 해서 가능성이 높다면 그리고 해볼 가치가 있다고 생각되면 과감하게 시도해보라.

PRESENTATION

프레젠테이션 시간은 당신만의 시간이 아니다

용기 있는 사람이란 모든 약속을 지키는 사람이다.

-P. 코르네유

고객사 임원과 전산 담당 직원들에게 최신정보시스템을 설명하는 프레젠테이션은 매끄럽게 진행되고 있었다. 준비한 내용도 충실했고 발표자도 자신감 있는 표정과 여유 있는 태도였으며, 청중도 집중해서 듣고 있었다.

프레젠테이션을 맡은 송 과장은 이번 제안 발표가 잘 이루어질 것이라고 자신했고 그에 대한 결과도 좋을 거라는 확신이 있었다. '오늘따라 왜 이리 말이 잘 되는 거야?'라는 생각으로 열심히 이야기하고 있는데 그때였다. 발표장 뒤쪽에 서서 시계를 보고 있던 김 대리가 손가락 네 개를 펼쳐 보였다. 4분 남았다는 신호였다.

4분이 남았다면 이제 마무리 단계에 들어가야 하는 시간이다. '어? 아직 프레젠테이션할 내용이 많이 남았는데 지금 마무리를 하라니?' 순간 망설였지만 송 과장은 '청중도 집중하고 있는데 굳이 시간을 딱 맞출 필요 없지. 몇 분 초과한다고 해서 문제가 되겠어?'라고 생각하고 준비한 대로 프레젠테이션을 계속했다. 잠시 후 고객사 임원 중 한 사람이 손을 들면서 말했다.

"잠깐만요."

"네?"

"약속 시각이 지났는데 아직 내용이 많이 남았나요?"

"아니요. 잠깐이면 됩니다."

"그래도 시간은 지켜주셔야죠. 다음 발표자도 기다리는데 1분 안에 마쳐주세요."

순간 송 과장은 당황하는 빛이 역력했다.

'어? 어디까지 했더라?' 당황한 송 과장은 어디까지 했는지 기억이 나지 않았다. 그는 서둘러 마무리를 시도했고, 말이 막 꼬이면서 어떻게 마무리를 했는지 자신도 모르게 끝냈다. 생각해보니 마무리에서 준비한 '우리 회사를 선택해 달라'는 강한 설득 메시지는 꺼내지도 못했고, 청중들의 표정을 보니 불쾌한 기색이 역력했다.

"자, 이제 질문 있으면 해주시기 바랍니다."

청중을 보니 배포한 자료를 이미 덮어놓고 질문도 하지 않았다. 민 대리에게 물어보니 12분을 초과했다고 했다.

아무리 훌륭한 내용을 가지고 뛰어난 표현력으로 구성된 프레젠테이션이라도 시간을 지키지 못하면 실패한 것이다. 성인이 한 가지 내용에 대해 집중할 수 있는 시간은 얼마나 될까? 학자마다 다 다른 의견을 가지고 있고 사람에 따라 다르지만, 일반적으로 전문가들은 성인의 집중력은 25분을 넘지 못한다고 한다.

성인의 집중력이 효과적으로 작용하는 시간을 수치로 말하는 것은 위험한 일이다. 그 이유는 청중이 프레젠테이션 주제에 대한 관심 정도나 발표자에 대한 신뢰 그리고 발표 내용에 대한 동의 정도에 따라서 그 길이는 달라질 것이기 때문이다.

그러나 청중의 집중력이 갑자기 하강 곡선을 그리는 시기는 경험으로 알기에 분명이 있다고 말할 수 있다. 언제나 주어진 시간을 초과하면 청중은 발표자와 발표 내용에 대한 관심을 줄이기 시작하기 때문이다. 아무리 좋은 내용도 시간을 초과하게 되면 시간을 지켰을 때보다 덜 효과적이다.

학창시절 수업이 끝나는 종이 울렸는데도 선생님께서 수업을 더 하시면 학생들은 안절부절못하고 웅성거렸던 경험이 누구나 있을 것이다. 성인들도 마찬가지이다.

시간을 초과하면 집중력이 떨어지고 청중의 부정적인 반응이 나타날 수 있다. 또 주어진 시간을 충분히 활용하지 못하고 너무 이르게 끝내면 발표 준비가 안 된 것처럼 보이거나, 질의 응답시간이 길어지고 질문도 많아질 위험이 있다. 발표의 목표를 달성하기 위해서는 효과적인 시간 관리 기법이 필요하다.

가. 사람들은 짧은 말만을 기억하려고 한다

"사람들은 짧은 말만을 기억하려고 한다."

수상자들에게 수상 소감을 짧게 이야기하라고 부탁하는 아카데미상 시상식의 총 연출의 말이다. 강의 중에 혹시 기억에 남는 영화 시상식의 수상소감을 물으면 대부분 '밥상'으로 유명한 배우 황정민의 소감과 "아름다운 밤이에요"라고 말한 장미희의 소감을 꼽는다. 아마도 황정민의 소감은 소재가 독특해서, 장미희의 소감은 워낙 짧고 간결하기 때문일 것이다. 잘 생각해보면 우리는 정말 짧은 말을 잘 기억한다. 2002년 월드컵에서 대한민국을 4강까지 올려놓은 거스 히딩크 감독의 '나는 아직 배가 고프다'와 같이 짧으면서도 강력한 메시지는 그 내용과는 상관없이 오랫동안 기억에 남는다.

프레젠테이션에서도 마찬가지이다. 너무 길고 장황한 발표는 청중의 기억에 오래 남지 않는다. 그렇다고 해서 시간을 많이 남기라는 것은 아니다. 우리는 시상식장의 수상자도, 언론에 인터뷰하는 사람도 아니고 청중을 설득하는 발표자이기 때문이다. 그러므로 주어진 시간을 최대한 활용하여 정보를 전달하고 자기의 주장을 펼쳐야 한다. 그러나 시간을 초과하는 것은 어느 상황에서도 발표자가 절대 해서는 안 될 일이다.

나. 연습을 통해서 시간을 조절한다

프레젠테이션에서 가장 효과적으로 시간을 사용하는 방법은 연습을 통해서 프레젠테이션 내용과 형태를 조절하는 것이다. 실전과 같은 연습을 통해서 시간을 맞춰야 한다. 주어진 시간보다 조금 짧게 끝내는 연습을 해라. 아무래도 실전에서는 말이 빨라지기는 하지만 생각하는 시간이 걸리기도 하고 의외의 상황들이 발생할 수 있으므로 시간의 여유를 좀 남겨두는 것이 좋다.

다. 시간 단축에 대비한다

가끔 프레젠테이션 직전에 시간을 단축해 달라는 부탁을 받는 일도 있다. 앞의 발표자가 시간을 초과하거나, 의사결정자의 일정에 따라서, 다른 일정이 추가되는 경우 프레젠테이션 시간을 줄여야 하는 일이 생긴다. 이럴 때 대부분 발표자는 말의 속도를 조절하여 시간을 맞추려고 한다. 솔직히 발표자 입장에서는 얼마나 시간과 노력을 들여서 준비한 내용인데 버리고 싶겠는가? 하지만 프레젠테이션의 목표를 달성하고자 하는 발표자라면 내용을 줄여야 한다.

순서는 덜 중요한 것부터, 세부적인 것부터 버린다. 필요하다면 청중과의 상호작용의 횟수를 줄이는 것도 방법이다. 그리고 슬라이드 프레젠테이션 자료도 정리해야 한다. 가끔 슬라이드는 그대로 두고 말을 빨리하려고 하는 이들을 볼 수가 있는데, 화면에 띄운 내용을 시간이 없다고 넘기는 것보다는 아예 보여주지 않는 것이 좋다. 공들여 준비한 슬라이드 한 장 버리기가 쉽지 않지만, 시간 단축 요청이 들어온 다면 시간을 지켜야 하는 이유가 더 분명해진 것이므로 절대 시간을 준수하라.

라. 주위의 도움을 받는다

연습에서 시간을 맞추었다고 하더라도 실제 프레젠테이션 시간은 달라질 수 있다. 발표자의 긴장 상태, 청중의 집중 상태와 같이 시간에 영향을 미칠 요인이 존재하고 있기 때문이다. 그러므로 주변 동료의 도움을 받으면 효과적이다.

연습할 때 프레젠테이션 원고의 중간마다 시간을 표시해놓고 진행 시간을 체크하고 발표자가 잘 보이는 곳에서 신호를 보내주는 것이다. 그리고 마무리할 시간을 정하고 손가락으로 남은 소요 시간을 표시해주면 발표자에게 도움이 된다.

프레젠테이션에서 시간을 지키는 것은 그 무엇보다도 중요하다. 시간을 초과하면 청중의 부정적인 반응을 초래할 수가 있고, 너무 짧게 끝나면 프레젠테이션에 대한 신뢰가 떨어질지도 모른다. 연습을 통해 시간을 확인하고, 필요하면 주위의 도움을 받아서 적절한 시간을 활용해야 한다.

PRESENTATION

PART 6

완성도 높은 프레젠테이션을 위해 반드시 해야 할 4가지 준비

PRESENTATION

일상이 프레젠테이션이고 프레젠테이션이 일상이 되게 할 것

희망을 품고 보다 나을 때를 위해 힘을 길러 두라.

-베질리우스

몇 년 전 우연히 어느 대형 한방병원의 원장들을 대상으로 프레젠테이션 기술을 훈련할 기회가 있었다. 전국에 20여 개의 분원을 가지고 있는 잘 알려진 한방병원의 원장들이었다. 사실 한 분야의 전문가들이었고 학습능력이 뛰어난 분들이었지만 남들 앞에서 프레젠테이션 하는 것에는 그리 능숙한 편이 아니었다. 그도 그럴 것이 진료실에서 환자와 1:1 상황에서야 최고의 전문가들이지만, 다수의 청중 앞에서 정보를 전달하고 상담하는 것은 그들에게 낯선 영역이었다.

우선 '왜 이런 학습을 하는지'에 관심이 생겼다. 그 병원의 교육담당 부서장은 이사장의 생각이라고 했고, '이사장께서 다른 원장들과 똑같이 교육생으로 참여하셔서 이런 훈련이 얼마나 중요한 일인지 다른 원장들이 느끼도록 한다고 하십니다'라고 했다. 휴일을 이용해서 몇 주 동안 주말을 포기하고 이런 훈련을 하는 이유는 여러 곳에 건강관리에 대한 강의를 통해 지역사회에 이바지하는 것이 대표적인 것이고 그를 통해 인지도와 신뢰도를 높여 병원 경영에 도움이 된다고 했다.

매주 일요일을 활용해 하루에 6시간씩 진행된 강의에 참여한다는 것은 쉬운 일이 아니었다. 그리고 강의하는 입장에서 일주일의 간격을 두는 것은 그리 효과적인 방법은 아니라고 생각했다. 학습과 학습 사이에 너무 간격이 크면 아무래도 연습했던 것들을 잊기 쉽기 때문이다. 하지만 평일에는 환자들을 진료해야 하는 상황이기 때문에 어쩔 수 없었다.

그 교육에 참여했던 이들 중에 A 원장이 있었다. 처음 상태를 진단하기 위해서 실시한 프레젠테이션에서 그는 유난히 긴장했고 심지어 말을 이어나가는 것조차 힘들어 보였다. 웬만큼 프레젠테이션을 못 하는 사람이 아니면 발전시킬 자신감이 있었지만, 그는 웬만큼 프레젠테이션 못 하는 사람에 해당하였다. 그러나 매주 그는 강사는 물론, 병원관계자들에게 희망을 품게 하였다. 12명의 참여자 중에 가장 걱정스러웠던 그는 교육 마지막인 4주 째에는 가장 가능성을 보여주는 한 사람이 되었다. 수줍고 긴장해서 자신감 없던 그의 말솜씨는 유창하지는 않았지만 그를 바라보고 그의 말을 듣는 이들에게 편안한 수준이 되었고, 표정도 밝아지고 제스처도 자신감 있어 보였다. 그 비결을 묻자 그분은 이렇게 이야기했다.

"그냥 끊임없이 연습했지요. 수시로 시간 날 때마다 혼자 중얼거리고, 또 인터넷 검색해서 어떤 이야기로 시작하는 것이 좋을지 생각하고, 환자에게 설명할 때도 강의하듯이 하려고 노력했습니다."

아주 단순하고 당연한 이야기다. '그런 이야기를 누가 모르겠느냐?'고 할 수 있지만 사실 이렇게 하는 사람도 찾아보기 힘들다. 기본에 충실해 연습하는 이가 그리 많지 않다.

발표력은 관심과 연습에 의해서만 향상할 수 있다. 우리의 생활 속에서 작은 것 하나라도 프레젠테이션과 연관시키고, 기회가 있을 때마다 연습하라. 자신하건대 발표력은 '관심을 가지고 연습을 통해 학습되고 발전될 수 있는 기술'이다. 교육장에서 만나는 많은 사람들은 선천적인 면을 이야기하면서 발표력 향상에 대해 부정적으로 이야기하기도 하지만, 교육 현장에서는 2~3일의 훈련으로도 변화되고 발전하는 모습을 발견할 수 있다.

일단 프레젠테이션을 어떻게 하는지 아는 것이 우선이다. 우리는 이런 기술에 대해 학습할 기회가 거의 없었다. 학습하지 않았기 때문에 잘하지 못하는 것이다. 그럼 학습하면 잘할 수 있을 것 아닌가?

그러나 성인이 되어서 발표력을 늘리는 학습을 한다는 것은 쉬운 일이 아니다. 이미 틀이 잡혀버린 성격과 행동 스타일을 고친다는 것은 정말 어려운 일이다. 하지만 성공하는 데 필요하다면 어떤 것이라도 해야 한다. 그렇다고 욕심을 부려서는 안 된다. 지금 와서 성격을 고치겠다는 것은 말도 안 되는 일이다.

그냥 자동차 운전처럼 기술 하나를 배운다고 생각하고, 이 책에서 제시된 기술을 실천에 옮겨보기 바란다. 그렇다면 프레젠테이션을 잘하기 위해서 실천해야 할 것에는 무엇이 있을까?

가. 무엇보다 준비가 우선이다

준비 없는 프레젠테이션은 청중을 우롱하는 것이다. 가끔 '나는 다른 것은 몰라도 프레젠테이션은 자신 있게 할 수 있다'라고 자랑하는 사람이 있다. 발표력에 있어 선천적인 성격, 언변을 무시할 수는 없지만 이것만으로는 자칫 수없이 많은 시행착오를 겪는 발표자가 될 수 있다.

주제에 대해서 자신이 할 만한 발표인지 냉정하게 생각해보고, 청중에 대해 분석하여, 설계한 프레젠테이션만이 목표를 달성할 수 있다. 프레젠테이션의 준비에 대해서 많은 사람들이 오해하는 것은 자료의 준비가 곧 프레젠테이션의 준비라고 생각하는 것이다.

우리가 자주 보는 프레젠테이션의 실패는 자료의 준비보다 발표자의 준비가 부족하여 일어나는 경우가 훨씬 많다.

나. 기회가 오면 과감하게 잡는다

어쩌다 찾아오는 프레젠테이션의 기회를 망설이다가 놓치는 일이 많다. 어떤 프레젠테이션이든 우선 손들고 하겠다고 하라. 겸손함과 사양의 미덕이 그 사람을 돋보이게 하던 시대는 지났다. 물론 칭찬에 대해서는 겸양의 미덕을 발휘하는 것이 좋지만, 기회에 대해서는 절대 해서는 안 된다. 자신이 없더라도 일단 하겠다고 하라. 그리고 나서 준비과정 속에서 자신의 발표력을 높이면 된다.

예전에 내가 기업에서 근무할 때 남들 앞에 나서는 것을 두려워하는 하는 후배가 있었다. 자료를 수집해서 프레젠테이션 자료를 만드는 것은 무척 뛰어난 친구가 남들 앞에 서서 자기 생각을 이야기하는 것에는 거의 알레르기 반응을 보이는 것이다.

그러던 어느 날 나를 찾아와서 "선배님, 저 사고쳤어요"라고 이야기하는 게 아닌가? 걱정되어서 무슨 일이냐고 물었더니, "이번에 하반기 신상품 판매 전략에 대해서 프레젠테이션을 해야 한다기에 제가 한다고 해버렸어요"라고 이야기했다. 일단 저질러 놓기는 했는데 걱정이란다.

그는 꼼꼼한 성격을 이용해 프레젠테이션 자료를 모으고 프레젠테이션 원고를 작성해서 완벽하게 외우고 나서 나의 도움을 받아 제스처와 표정에 대한 연습을 열심히 하고 발표자로 나섰다. 지금 그는 팀 내의 웬만한 프레젠테이션은 다 하고 있다. 이처럼 한 번 하고 나면 자신감이 생기고, 실전 연습을 통해 발표력은 향상된다.

혹시 망설이고 있는가? 프레젠테이션을 맡아 잘하지 못하는 것보다 아예 발표를 안 하는 당신이 더 조직에서 외면당하고 있을지 모른다. 그러니 일단 기회를 잡아라.

다. 일상 대화도 프레젠테이션 하듯 한다

특별히 프레젠테이션이 많은 업무를 담당하고 있지 않다면 직장생활 속에서 발표할 기회는 자주 오지 않는다. 어느 날 갑자기 주어진 발표기회에 맞추어 준비하게 되면 프레젠테이션의 기술들을 짧은 시간에 갖추기란 쉽지 않다. 결국, 생활 속에서 준비하는 것이 효과적이다.

친구들과 대화하면서, 회의에서 말할 기회를 잡았을 때 발표하듯 말하는 습관을 들여야 한다. 이 책에서 말하는 프레젠테이션 기술들을 일상생활 속에서 실천하라. 아무리 짧은 대화라도 도입, 본론, 결론의 구조를 갖추어서 말하는 습관을 들이고, 상대와 시선을 교류하면서 이야기하고, 적절한 제스처를 쓰면서 이야기하라. 일상 대화 속에서 자신의 어벽이나 습관을 고치기 위해서 노력하고, 질문을 통해 상대의 생각과 감정을 확인하면서 발표력을 기를 수 있다.

예를 들어 집에서 아이와 이야기할 때도 프레젠테이션 준비하듯 준비해서 말하면 아이와 좋은 대화를 나눌 수 있다. 간단히 질문과 피드백 그리고 하고 싶은 본론을 전개하고 마지막으로 강조하면서 끝내는 것이다.

일반적으로 프레젠테이션 할 때 나오는 부적절한 습관들을 보면 일상 대화 속에서 사용하는 것들이다. 프레젠테이션은 긴장 상태에서 하게 되므로 자신이 의식적으로 자제하려고 하는 습관이 무의식적으로 나오는 일이 많다. 그러니 일상 대화 속에서 이런 것들을 고쳐라. 필요하다면 가까운 지인들에게 자신이 열의 있게 이야기할 때 보이는 습관들을 물어보고 고치려고 노력하라.

라. 정보 수집을 생활화한다

스마트폰의 대중화는 많은 사람들에게 정보의 접근을 쉽게 만들었다. 언제 어디서나 원하는 정보를 얻을 수 있는 지금은 프레젠테이션에도 많은 도움이 된다. 정말 멋진 프레젠테이션은 이런 정보들을 적절하게 활용하여 청중이 현실감을 느끼게 한다. 무작정 정보를 축적할 필요는 없겠지만, 다음에 프레젠테이션을 준비할 때 사용할 만한 정보는 어디에 어떤 내용이 있는지 메모해 두는 것이 좋다.

신문을 스크랩해놓으면 더 바랄 게 없지만 적어도 어느 신문 며칠 자에 어떤 내용의 기사가 있었는지 메모만 해두더라도 유용하다. 이럴 때 스마트폰으로 사진을 찍어 놓았다가 직접 프레젠테이션 자료에 활용하기도 하는데 아주 좋은 방법이다. 인터넷을 보다가 혹시 필요할지 모르는 정도는 문서 하나에 그 기사의 주소만 복사해서 붙여 놓아도 많은 도움이 된다.

우스운 이야기지만 강의에 사용하거나 프레젠테이션에 활용하는 인용 중에 정보의 습득 장소가 화장실일 때가 많다. 요즘 기업 기관은 물론이고 고속도로 휴게실 화장실에 좋은 글귀가 참 많다. 그것들을 준비하는 이들도 참 많은 정성이 필요하다. 간단히 스마트폰 카메라로 찍어두면 찍어두는 순간 웹하드로 자동 올리기가 되어 잃어버릴 위험도 없고 편하게 사용한다. 이 지면을 빌어 그런 좋은 글들로 바쁜 현대인들에게 생각하고 깨달을 기회를 주시는 분들에게 깊이 감사드린다.

프레젠테이션은 어느 날 갑자기 잘할 수 있게 되는 것이 아니다. 철저한 준비와 연습 그리고 일상생활 속에서 정보를 수집하고 대화하는 습관을 바꾸어야 한다. 기회가 오면 일단 잡아라. 이런 활동들이 불편하고 귀찮다면 프레젠테이션을 잘하고 싶은 마음을 포기해야 한다.

PRESENTATION

이런 잘못된 표현이 프레젠테이션을 망친다

시작하기 전에 신중히 준비하라.

-키케로

"먼저 이 자리를 허락해주신 하나님께 감사드립니다. 그리고 관계자 여러분 감사합니다. 며칠 전 기도 중에 저에게 이런 기회를 달라고 기도했었습니다. 용기를 내어 이 자리에 섰습니다. 오늘 저는 우리 회사가 앞으로 어떻게 변화해야 하는지, 그 과정 중에 우리 개인은 어떤 일을 해야 하는지 말씀드리겠습니다."

이렇게 시작한 발표자의 말에 청중은 술렁이기 시작했다. 일부 청중은 '뭐야?'하는 표정으로 서로를 쳐다보며 의외라는 분위기였다. 그도 그럴 것이 오늘의 주제는 '소비자의 동향과 우리의 대응'이었다. 발표자는 계속 프레젠테이션을 이어갔다.

"최근 여러 가지 사회적 변화와 사건들을 통해 소비자들은 많은 변화를 겪었습니다. 그러나 이런 변화 속에서 우리 회사의 고객 담당부서들은 안일한 자세로 일관해왔습니다. 그러면서 고객들은 우리를 외면해왔습니다. 그런 현상들을 보면서 고객과 직접 상대하는 부서들은 이렇게 될 때까지 무엇을 했습니까? 저는 요즘 상황을 보면 답답하기만 합니다."

순간 고객 만족 팀장의 표정에는 알 수 없는 불쾌함이 피어났다. 옳은 이야기임은 분명하지만 이렇게 공개적인 자리에서 자신의 부서가 언급되는 것이 좋을 리는 없다.

"이제 우리는 안일했던 태도에 대해 깊이 반성하고 마음을 굳게 해야 합니다. 전 글로벌 기업인 G사에서 수년간 마케팅 담당을 맡다가 사장님의 부탁으로 우리 회사로 옮겨와서 일한 지 1년이 되어갑니다. 와서 처음 느낀 것은 '아! 세계적인 기업과 그렇지 못한 기업의 차이는 이런 거구나'하고 느낀 것들이 몇 가지 있습니다. 오늘 그걸 말해보려고 합니다."

만일 당신이 전 사원이 모인 자리에서 이런 프레젠테이션을 들었다면 어떤 기분이었을까? 순순히 자신들을 반성하고 귀를 기울여 '앞으로 어떻게 해야 할지'를 고민했을까? 아무리 좋은 의도와 내용을 담고 있는 프레젠테이션이라고 하더라도 한순간의 표현이 그 의도를 왜곡시킬 수 있다.

하지만 뜻밖에 이런 프레젠테이션이 많다. 아마 발표자의 의도가 상대를 무시하고 자신 높이기 위해서는 아니었으리라. 다만 자신의 절실함을 표현하기 위해 종교적인 표현을 사용했을 것이고, 지금의 위기를 강조하기 위해 해당 부서를 비판했을 것이며, 자신의 말에 힘을 실으려고 CEO를 언급하고, 발표의 공신력을 강조하기 위해 전 직장을 예로 들었을 것이다. 그러나 일반적으로 커뮤니케이션에서 가장 큰 오류는 '내가 하는 말과 내가 사용하는 어휘를 내 의도대로 받아들일 것'이라는 착각이다. 당신의 속마음은 당신밖에 모른다. 청중은 당신이 말하는 분위기, 어휘에 따라 당신의 의도를 판단할 뿐이다. 그래서 발표자는 사용하는 어휘나 표현에 정말 주의해야 한다. 사용하면 오해의 여지가 있는 표현들을 알아보자.

가. 변명하는 표현

"제가 요즘 여러 가지 일들이 많다 보니 준비가 부족했습니다. 이해 바랍니다."

"이 자료는 작년 자료인데 워낙 급하게 프레젠테이션을 하게 되어 업데이트를 못 했습니다. 죄송합니다."

이렇게 변명하는 말은 청중의 관심을 급격하게 떨어뜨리고 자칫 성의 없는 프레젠테이션으로 인식하기가 쉽다. 변명할 거리는 아예 만들지 말아야 한다. 이렇게 준비 없이 올라가는 것은 피해야 한다.

나. 차별적이거나 금기하는 내용을 표현

"지금 제가 말씀드리는 내용은 MBA에서 한 학기 동안 배우는 내용입니다. 전공하지 않으신 분들이 이해하실지 모르겠습니다만."

"프레젠테이션은 말만 잘한다고 되는 것이 아닙니다. 말만 잘하는 발표는 약장사의 발표와 다른 게 뭐가 있겠습니까."

"이 지역 분들이 워낙 배타적인 것은 알고 있었습니다."

"많은 분들이 이야기하지요. 우리나라는 정치만 바로 서면 못 할 것이 없다고."

"고객에게 그렇게 말하는 것은 부인과의 잠자리에서나 통하는 말이 아닐까요?"

"저는 제가 믿는 신을 걸고 이 방법이 최선이라고 자신 있게 말합니다."

이렇게 차별, 편 가르기, 어느 한 곳에 대한 비판과 편견 등의 오해를 불러일으킬 표현은 아예 하지 마라.

다. 지나친 겸손이나 자기비하 표현

"이렇게 훌륭하신 분들 앞에서 아무것도 모르는 제가 이야기하려니 말이 안 나옵니다."

"왜 제가 발표하게 되었는지 모르겠습니다."

"우리 부서에서 누가 발표해야 하나 고민하다가 서열에 밀려 제가 나왔습니다."

도대체 프레젠테이션에서 집중하라는 건지 말라는 의도인지 알 수 없는 말이다. 다만 발표자는 겸손해지고 싶어서 이렇게 이야기했을 것이다. 겸손은 프레젠테이션이라는 행동과 그다지 잘 어울리지 않는다. 청중을 칭찬하는 것은 좋으나 자신을 낮추어 공신력을 떨어트리지는 말아야 한다.

라. 자기과시, 청중을 무시하는 표현

"이 문제가 여러분에게는 무척 심각하게 느껴지겠지만, 저에게는 아무 것도 아닙니다."

"그 정도 시스템밖에 사용해보지 않으셔서 잘 모르시겠지만…."

"이 내용 혹시 이해가 안 가시더라도 '아 그런 게 있나 보다' 하시면 됩니다."

이런 말은 프레젠테이션 중에 갑자기 스스로 무너질 수 있는 위험한 것이다. 다시 말해 일명 청중을 테러리스트로 만들 수 있는 위험이 있으므로 삼가야 한다. 하지만 이런 말들을 신입사원 교육이나 후배직원들 교육 때 선배 직원들이 너무 쉽게 하는 경향이 있다.

마. 경쟁상대를 비방하는 표현

"A사의 경우 자신들의 제품이 최고라고 하지만 그건 거짓말입니다."

"M사는 아마 자신들의 서비스 시스템이 잘 갖추어져 있다고 하겠지만 업계 고객 불만이 가장 많은 회사가 M사인 것은 잘 아시죠?"

자신의 강점을 강조하기 위해 굳이 상대를 비하하거나 공격할 필요는 없다. 오히려 그런 행동이 자칫 고객의 불신을 조장할 수도 있다. 특히 입찰이나 경쟁 프레젠테이션에서 이런 일이 많이 있다. 그러나 청중에는 당신 편도 있지만 당신의 경쟁자 편도 있다는 것을 기억하라.

바. 추상적인 표현, 여러 뜻으로 해석될 수 있는 표현

"여기 모이신 여러분은 지금 구직이 매우 급하신 분들이지요?"

"여러분의 능력으로 지금의 이 문제를 해결하는 데 얼마나 걸릴까요? 그리고 전문가들에게 맡기면 얼마나 걸릴까요? 현명한 판단을 해주시기 바랍니다."

"웬만한 기업에 70~80명 뽑는데 만 명이 넘게 지원합니다. 여러분의 자기소개서를 자세히 읽을 시간이 있겠어요?"

이렇게 애매하거나 여러 가지로 해석될 수 있는 말은 듣는 이를 매우 혼란스럽게 한다. 좀 더 명확하게 하고 싶은 말을 해야 한다.

사. 부적절한 유머의 사용

유머는 프레젠테이션에 활력을 주고 사람들의 관심과 집중을 유도하는 매우 효과적인 요소이다. 그러나 부적절한 유머는 자칫 발표장 분위기를 경색시키고 썰렁하게 만들기도 한다. 부적절한 유머는 어떤 것일까?

첫째, 프레젠테이션의 내용과 전혀 상관없는 단지 웃기기 위한 유머이다. 이런 유머는 다시 본론으로 돌아가면서 리듬을 끊기고 한다.

둘째, 어설픈 음담패설은 호불호를 명확하게 가를 수 있다.

셋째, 너무 일반적이어서 다른 사람들이 다 아는 유머다. 그러나 누가 뭐라 해도 가장 부적절한 유머는 재미없게 하는 것이다. 본인이 재미있어 하면서 열정적으로 청중과 함께 할 자신이 없다면 유머는 사용하지 말아야 할 기술이다.

프레젠테이션의 분위기를 유지하는 것은 매우 어렵지만 분위기를 깨는 것은 순식간이다. 특히 이런 실수는 발표가 잘 진행되고 있다는 자신감을 가지면서 발생하는 일이 많다. 그러니 처음부터 끝까지 자신이 사용하는 표현에는 주의를 기울인다.

PRESENTATION

준비하면 할수록 줄어드는 돌발 상황 대처법

성공에 대한 비밀은 따로 존재하지 않는다.
그것은 바로 준비, 근면성, 실패로부터의 배움이다.

-콜린 파월

본사 인사팀에서 지방의 공장으로 새로 변경된 승급체계, 복리후생 제도에 대해서 설명회를 맡은 구 대리는 처음 맡은 공시적인 프레젠테이션이라서 무척 신경 써서 준비했다. 발표용 슬라이드와 배포용 자료도 새로 디자인해서 보기 좋게 만들었고 후배들의 도움을 받아 리허설하면서 피드백도 겸손히 수용했다. 집에서도 연습하고 원고를 거의 외우다시피 해서 문제는 없었다.

프레젠테이션 자료를 USB 메모리에 담아 공장 강당에 들어갔더니 많은 사원들이 이미 자리하고 있었다. 준비된 노트북에 USB를 꽂고 파워포인트를 구동시키니 구 대리가 준비한 멋진 제목 슬라이드가 떴고 뒤쪽에서는 '와' 하고 감탄하는 이도 있었다. 준비를 도와주던 공장의 김 대리가 "구 대리님 신경 많이 쓰셨는데요. 우리 회사에서도 이런 디자인의 슬라이드를 보게 되는군요"라고 칭찬해줘서 기분이 좋아진 구 대리는 소개가 끝나자 아주 활기찬 음성으로 인사를 시작하고 슬라이드를 넘겼다.

그런데 이게 무슨 일인가? 목차 슬라이드의 글자들이 모두 '바탕체'로 바뀌어 있고, 구 대리가 사용했던 서체는 어디로 사라져버렸다. 단순히 서체만 바뀐 것이 아니고 어떤 줄은 줄이 바뀌어 다음 내용을 가리는 일까지 발생했다. 어떤 페이지는 내용이 화면 아래로 펼쳐져 보이지도 않았다.

당황한 나머지 자꾸 말이 겹쳐지고, 꼬이고 심지어 슬라이드 화면이 두 장씩 넘어가는 일도 발생했고, 발표가 제대로 진행이 되지 않았다. 순식간에 멋진 프레젠테이션을 통해 공장 쪽 사람들에게 자신을 능력 있는 사람으로 인식시키고 싶었던 구 대리의 발표는 본사로 돌아가서 혼나는 것을 걱정하는 상황이 되어버렸다.

생각해보면 흔하게 발생하는 일인데도 막상 예기치 않은 상황이 발생해 프레젠테이션이 엉망이 되어버린 것 같아 구 대리는 무척 억울한 느낌이 들었다.

프레젠테이션 자체에 너무 집중한 나머지 발생할 수 있는 돌발 상황을 예측하고 대비하지 못한 경우이다. 사람이 하는 일이다 보니 프레젠테이션을 할 때는 예상치 못했던 상황들이 많이 일어난다. 그러므로 그 상황을 예측하고 대비하는 치밀함이 필요하다. 프레젠테이션은 사람이 하는 일이다. 물론 최근에는 기계에 의존하는 비중이 커지고 있지만, 발표의 주체는 사람이다. 그러므로 예상치 못한 일들이 생기게 된다. 이를 예측하고 준비하는 때와 그렇지 못한 것은 분명히 다르다. 더구나 청중은 발표자의 뜻대로 움직여주기만 한다면 세상에 프레젠테이션처럼 쉬운 일이 어디 있겠는가?

프레젠테이션 중에는 여러 가지 돌발 상황이 생길 수 있다. 예를 들면 청중이 집중하지 않고 웅성거린다거나, 컴퓨터나 빔프로젝터 같은 기기가 고장이 난다거나, 조작을 잘못하는 일도 발생한다. 발표 중에 청중이 중간에 가로채서 질문하거나 다른 의견을 제시하는 일도 있다. 갑자기 우발적인 반대 의견을 내놓는 때도 있다. 예를 들면 '말도 안 돼', '웃기고 있네'와 같은 적대적인 표현을 사용하면 발표자가 평정심을 잃게 된다. 생길 수 있는 많은 상황이 있지만 자주 일어나는 몇 가지 상황과 그 대처 방법을 알아보자.

가. 청중이 주의집중 하지 않고 떠든다

프레젠테이션을 시작했는데도 청중이 집중하지 않고 웅성거리면 이럴 때 발표자는 마음이 급해진다. 이는 크게 외부적인 요인과 내부적인 요인으로 나눌 수 있다.

외부적인 요인은 소음, 마이크 상태 같은 환경적인 요인과 앞선 프레젠테이션의 내용이 여전히 계속 쟁점이 되는 경우로 나뉠 수 있다. 내부적인 요인은 발표자나 프레젠테이션 내용이 영향을 미치는 것인데, 프레젠테이션 내용이 영향을 미친다. 프레젠테이션 내용이 너무 민감한 사안이거나 관심 밖의 내용인 때가 그것이다. 발표자의 의상과 관련된 것일 수도 있고, 너무 강력한 도입이라면 프레젠테이션의 주제보다 도입 자체가 너무 민감한 사안이거나 관심 밖의 내용일 때가 그렇다. 아니면 발표자의 의상과 관련된 것일 수도 있고, 너무 강력한 도입이라면 프레젠테이션의 주제보다 도입 자체가 쟁점이 되어버릴 수도 있다.

발표자는 이런 때에 원인을 빨리 알아내 조치를 해야 한다. 청중이 웅성거리는 것과 무관하게 프레젠테이션을 진행할 수는 없기 때문이다.

외부적인 요인에 의해서 청중이 웅성거린다면 그 원인을 제거하는 것이 가장 효과적이다. 공사장의 소음이 문제가 되면 가능한 프레젠테이션 중에 잠시 공사를 멈춰달라고 부탁해보는 적극적인 자세가 필요하다. 그러나 실현되기란 쉽지 않은 일이다. 이런 소음에 대처하는 방법으로 마이크 음량을 높이는 것이 좋은 방법일까? 그렇지 않다. 이럴 때에는 오히려 음량을 보통 때보다 조금 낮추는 것이 효과적이다. 잘 들리지 않는 소리에 대해서 더 집중하는 것이 일반적인 청중의 성향이다.

앞선 프레젠테이션 내용이나 본인의 너무 강력한 도입이 영향을 미친 것 같다면, 잠시 프레젠테이션을 중단하고 청중이 집중하기를 기다리는 방법이 있다. 물론 이때는 시선을 골고루 분산시키면서 미소 띤 얼굴로 기다려야 한다.

절대 하지 말아야 할 것은 청중이 집중하지 않는다고 짜증스러운 표정을 짓는 것이다. 당황하는 기색을 보이는 것도 금물이다. 당신이 답답해할수록 청중은 더 멀어진다는 것을 꼭 기억하라.

나. 중간에 가로채서 질문하거나 다른 의견을 제시한다

한참 프레젠테이션을 하고 있는데 청중 속의 한 명이 가로채서 다른 의견을 제시한다면 당신은 어떻게 할 것인가? 이런 것은 예방하는 것이 가장 좋은 방법이나 이미 발생해버린 상황이라면? 이런 상황에서는 당신이 간단하게 생각을 말하고 넘어갈 수 있는 사안이라면 그렇게 하면 된다. 그러나 논쟁의 여지가 남아 있다면 문제가 커질 수 있다. 여기에 휘말리면 당신의 프레젠테이션은 엉망이 되어버릴 수 있다. 이럴 때는 이렇게 말하라.

"무척 좋은 생각입니다. 그 문제에 대해서는 저도 관심이 많은데, 준비한 발표를 마치고 나서 함께 이야기를 나누는 방법이 좋을 것 같습니다. (청중을 둘러보며) 여러분 괜찮으시죠?"

다. 프레젠테이션 기기가 제대로 작동하지 않는다

미리 발표장에 도착해서 기기를 점검해야 한다. 그리고 예비기기가 동원될 수 있는지 확인해보라. 예를 들어 빔프로젝터 렌즈가 망가지는 것은 순간이다. 미리 점검했다고 해결될 일은 아니다. 그러므로 이마저 안 될 때를 대비해서 배포 자료를 준비하는 등 할 수 있는 조치를 다 취해라. 프레젠테이션 기기가 제대로 작동되지 않아서 프레젠테이션을 망쳤다고 하는 것은 당신의 변명거리는 될 수 있을지 몰라도 망쳐버린 발표를 보상해주지는 않는다.

저장매체의 발달로 노트북을 가지고 다니기보다 저장매체를 이용해 현지의 기기에 연결하는 일이 많다. 그러나 이럴 때 가장 빈번하게 발생하는 것이 서체의 문제다. 자신이 사용한 서체가 해당 컴퓨터에서 지원되지 않는다면 난감한 상황이 된다. 이럴 때를 대비해 방법이 2가지가 있다. 첫째는 파일을 만들면서 사용했던 서체를 함께 저장해서 가지고 가는 것이다. 물론 서체 설치의 번거로움을 좀 있지만 확실한 방법이다.

또 다른 하나는 파워포인트에서 저장 옵션을 이용하는 방법이다. 저장하기 위한 창을 열어 '저장 옆의 도구>저장옵션>파일'의 글꼴 포함 순서대로 클릭하면 사용했던 글꼴을 저장한 상태로 파일이 만들어지는데, 아쉬운 점은 읽기 전용 파일이라 수정이 어렵다는 것이다. 어떤 방법을 사용해도 좋다.

라. 화면이 잘 못 넘어간다

기기의 잘못일 수도, 조작 미숙일 수도 있다. 화면이 한 장씩 넘어가지 않고 두 장 이상씩 넘어가는 것은 단순한 실수가 아니라, 다음에 발표자가 이야기할 내용을 청중이 미리 보았다는 것이 문제이다.

이런 때에는 당황하지 말고 여유 있게 재치로 넘겨야 한다. 나는 이런 말을 사용하기도 한다.

"여러분이 관심 있는 내용의 예고편을 잠시 보여드렸습니다."

"제가 의욕이 너무 앞선 것 같습니다. 죄송합니다."

마. 무엇보다도 예방이 최선책이다

아무리 좋은 임기응변도 예방보다는 못하다. 일어날 수 있는 모든 상황에 대비하라. 사전에 발생할 수 있는 모든 경우의 수를 적고, 그 예방책과 발생 시 대처 방법을 써보아야 한다. 사전에 발표장을 답사하고 할 수 있다면 그곳에서 실전과 같은 리허설을 하라. 외부에서 프레젠테이션한다면 한 시간 정도는 일찍 도착해서 환경을 점검하고 대책을 세워야 한다.

'발표 준비는 잘했는데'라는 아쉬움은 정말 무책임한 것이다. 예상치 못한 일들에 대해서 대비하라. 물론 예상치 못한 일들도 당신이 예측하고 대비하면 예상했던 일들이 될 것이다.

PRESENTATION

프레젠테이션을 완성시키는 질의응답 시간 대응법

준비에 실패하는 자는, 실패를 준비하는 것이다.

-벤자민 프랭클린

본 프레젠테이션 이상으로 중요한 것이 청중의 질문에 대해 능숙한 답변을 제공하는 것이다. 훌륭한 발표는 능숙한 질의응답 시간으로 마무리된다.

2년 전쯤 아파트를 분양받아 입주를 준비하는 중에 입주자 인터넷 카페에서 주관하여 입주자들을 대상으로 네 곳의 시중은행을 초대하여 대출 설명회를 했었다. 1,000세대가 넘는 단지였으므로 은행에서도 나름 신중한 준비를 해왔고, 수백 명의 입주 예정자들이 설명을 듣기 위해 인근의 초등학교 강당으로 모였다. 은행 간의 경쟁은 설명회장으로 들어가면서부터 치열했다.

4개 은행의 발표자들은 나름대로 교육을 잘 받은 사람들이었다. 설명도 잘하고 자료 준비도 잘하고 친절했다. 그런데 자신들이 설명하고 난 다음 궁금한 점을 입주예정자들이 물어보는 질의응답 시간에 확연히 차이가 났다.

발표자들은 마이크를 사용했지만, 입주자들은 그냥 육성으로 질문할 수밖에 없었다. 그러다 보니 앞쪽에서 질문한 내용은 뒤쪽에서 무슨 질문인지 알 수 없었고, 단지 발표자들이 설명하는 내용으로 추측할 수밖에 없었다. 그러다 보니 앞쪽에 있는 입주예정자가 질문한 내용을 뒤쪽의 입주예정자가 다시 물어보는 일도 생기고, 이미 무슨 내용인지 알고 설명을 들은 앞쪽 사람들이 "그건 아까 물어보고 답 했잖아요"라며 짜증을 내는 일도 있어서 말다툼이 생기기도 했다.

그런데 한 은행의 담당자는 달랐다. 앞쪽의 입주자가 질문하면 듣고 마이크를 통해서 모든 청중에게 확인시켰다.

"아, 그러니까 중도 상환 수수료 면제가 1년에 얼마인지 그리고 기간에 따라 요율이 얼마인지 궁금하다는 말씀이시죠?"

이렇게 말하고 답변하니 뒤쪽에 있는 사람도 지금 무슨 질문에 어떤 답을 하는지 알 수 있었고, 청중끼리 혼란스러워하고 짜증을 내거나 다툼하는 일도 없었다.

"자, 이것으로 저희가 제안한 컨설팅 프로젝트에 대한 설명을 마치겠습니다. 혹시 내용에 대한 의문 사항이 있으시면 질문해주시기 바랍니다."

"질문이 하나 있습니다. 프레젠테이션 내용 중에 귀사의 강점으로 뛰어난 인력 구성을 이야기하셨는데, 경쟁사보다 더 뛰어난 인력을 보유하고 있다고 자신하는 배경이 무엇인지 알고 싶은데요."

"아, 질문하신 내용은 경쟁사에 비해 뛰어난 컨설턴트를 보유하고 있다는 근거를 알고 싶으시다는 것이군요? 맞습니까?"

"예, 그렇습니다."

"아주 좋은 질문을 해주셔서 감사합니다. 어쩔 수 없이 시간이 좀 걸리더라도 저희 PMProject Manager을 비롯한 주요 컨설턴트 프로필을 말씀드릴 수밖에 없겠군요. 시간 관계상 책임자인 PM만 말씀드리고 나머지 컨설턴트 프로필은 제안서를 참조하시면 안 될까요?"

질문자가 동의하는 표시로 고개를 끄덕였다.

"(중략) 보시다시피 여러 공공기관, 공기업, 그리고 사기업의 프로젝트를 성공적으로 수행한 PM이 이런 경험을 살려 귀사의 요구를 해결해 드릴 수 있을 거라 확신합니다. 충분한 대답이 되었는지 모르겠습니다."

"만족합니다. 고맙습니다."

"자, 또 다른 질문 있으면 질문해 주십시오."

송 과장의 프레젠테이션은 본 발표도 뛰어났지만, 능숙한 질의 응답 시간을 통해 빛나고 있었다.

일반적으로 프레젠테이션 후에는 질의응답 시간을 가지게 된다. 그런데 이 시간이 프레젠테이션의 성공과 실패를 가르는 중요한 시간임을 많은 이들이 잊고 있다. 본 프레젠테이션 준비에 기울이는 시간과 노력보다 일반적인 발표자들은 질의응답 시간을 준비하는 시간과 노력을 거의 없다고 하겠다. 그러나 본 프레젠테이션을 아무리 잘한들 질의응답에서 실패한다면 그것은 결국 실패한 프레젠테이션이다.

항상 성공적인 발표는 프레젠테이션 내용과 발표자가 청중의 신뢰를 얻느냐 얻지 못하느냐에 의해서 결정된다. 조금 어눌한 발표였더라도 질의응답 시간을 철저히 준비하고, 청중의 질문에 자신 있게 대처한다면 충분히 청중의 신뢰를 얻어낼 수 있다. 하지만 아무리 유창하고 감동적인 프레젠테이션이었다고 하더라도 질문에 적절히 답하지 못하면 발표한 내용에 대한 신뢰까지 잃을 수 있다. 당신의 프레젠테이션이 어떤 성격의 것이든 마지막에 진행하는 질의응답 시간을 준비하라.

가. 질문 시간을 조정한다

앞 장의 돌발 상황에서 다루었던 것처럼 질문 시간이 조정되지 않으면 발표자는 난감한 상황을 겪을 수도 있다. 물론 청중의 질문에 언제든지 어떤 질문이든지 대응할 자신이 있다면 몰라도 그렇지 않은 경우라면 미리 이렇게 이야기해두면 프레젠테이션 중에 끼어드는 질문을 어느 정도 차단할 수 있다.

"혹시 프레젠테이션 중에 의문점이 생기면 기억해 두셨다가 마지막에 질의응답 시간을 따로 가질 테니 그때 질문해주시기 바랍니다."

나. 질문을 예상한다

청중의 입장에서 당신의 프레젠테이션을 듣는다면 어떤 궁금함이나 다른 의견을 가질 수 있을지 예상해보라. 아무리 철저한 준비를 한 프레젠테이션이라도 의문점은 남기 마련이다. 가끔 예상하지 못했던 질문을 받고 당황하는 모습들을 본다.

이런 질문을 예상하기 위해서는 당신의 프레젠테이션 내용에 대한 객관적인 검증이 필요하다. 당신의 동료, 상사와 프레젠테이션을 연습하는 과정에서 질문을 뽑아내라. 그리고 그런 질문이 나왔을 때 대처하는 연습까지 해야 한다. 또한, 필요하다면 그런 질문을 받고 대답하면서 사용할 자료까지도 준비해두는 철저함이 필요하다.

다. 질문에 대해 인정한다

질의응답 시간은 절대로 청중과 논쟁의 시간이 아니다. 만일 프레젠테이션 후 질의응답 시간이 논쟁으로 발전해버리면 당신이 청중을 이길 수는 있을지 모르나 프레젠테이션은 실패할 가능성이 높다. 그러므로 질문에 대해서는 충분히 인정하라.

당신의 발표가 수학 공식에 맞추어 계산하는 것이 아니라면 당신과 다른 생각과 관점을 가진 청중이 있다는 것은 지극히 당연한 일이다. 그런 다른 생각과 관점을 바탕으로 한 질문에 대해 당신이 인정하고 나서 생각과 관점을 이야기한다면 청중은 당신이 하는 질문 내용보다 당신에게 신뢰할 수 있을 것이다.

"그렇게 생각하실 수 있습니다."
"누구나 그런 의문을 가질 수 있다고 생각합니다."

"제품을 사용해야 하는 고객 입장에서 그런 걱정을 하시는 것은 지극히 당연한 일이지요."

물론 이런 시간에 당신의 마음도 인정해야 하며, 당신의 표정도 인정해야 한다. 수용하는 미소를 던지면서 인정하라.

라. 질문을 칭찬한다

청중의 질문은 여러 가지 의도를 담고 있다. 당신의 프레젠테이션 내용에 대해 인정하고 지원하는 질문이 있고, 의도적으로 당신을 공격하는 질문도 있다. 당신을 당황하게 하고 프레젠테이션의 결과를 망치기 위한 적대적인 질문이다.

이런 적대적인 질문에 대처할 때, 감정을 억제하지 못하고 노출하는 경우가 있는데 이는 상대의 의도대로 행동하는 것이다. 단지 당신의 의견에 문제가 있어서 반대하는 다른 의견을 제시하는 경우 절대 이기려고 하지 마라. 여기서 당신이 이긴다고 해서 더 똑똑해 보이지는 않는다. 그냥 이렇게 이야기하라.

"충분히 가지실 수 있는 다른 의견이라고 생각합니다. 그 점에 대해서는 충분히 검토했다고 생각하지만, 더 검토하고 어떤 것이 옳은지 판단해보겠습니다. 좋은 지적을 해주셔서 감사드립니다."

"그런 걱정을 해주셔서 감사합니다. 말씀하신 점에 대해 검토를 했었습니다. 그러나…."

청중은 자신이 틀렸다는 것을 확인받고 싶어 하지 않는다. 또 틀렸다 하더라도 자신이 충분히 제시할 만한 의견을 제시했다는 인정을 받고 싶어 한다. 어떤 질문이라도 인정하고 칭찬한 다음 본인의 의견을 제시하라.

마. 질문자에 대한 예의를 지킨다

적어도 당신이 프레젠테이션 하는 중에 청중은 고객이다. '고객은 언제나 옳다'라는 말처럼 청중도 언제나 옳다. 프레젠테이션의 성패는 '당신이 얼마나 세련되게 발표했는가?', '얼마나 옳은가?'에 의해서가 아니라 '청중이 얼마나 공감하고 지지하는가?'에 의해 좌우된다.

당신이 이야기한 내용에 대해 상관없는 질문이거나 말도 안 되는 질문을 던지더라도 당신은 최선을 다해 예우하고, 대답해주어야 한다. 이런 경우 '그건 본 프레젠테이션 내용과 관련이 없는 내용 같은데요', '생각하면 알만한 내용을 질문하고 계시는데요'와 같은 위험한 표현을 사용해 질문자를 난처하게 하는 행위는 절대로 삼가라. 만일 당신이 이렇게 이야기한다면 정말 의문이 생겨서 질문하고 당신의 대답이 본 프레젠테이션을 보충하고 풍성하게 할 수 있는 질문자가 질문을 못 하게 되는 일도 있다. 질문을 끝까지 듣고 질문 내용을 요약한 다음, 인정하고 칭찬하라. 그리고 성의 있게 질문에 응하라.

바. 질의응답 시의 제스처에 유의한다

질문을 던지는 동안 청중은 당신과의 일대일 커뮤니케이션을 요구한다.

시선을 맞추고 충분히 긍정하고 공감하면서 질문을 청취하라. 어떤 발표자는 질문자가 질문을 던지고 있는데 다른 곳을 쳐다보거나 팔짱을 끼고 질문을 청취하고, 허리에 손을 얹고 질문자를 쳐다보는 경우도 있다. 이것은 질문자를 무시하는 행동이며, 당신의 프레젠테이션 결과에 치명적인 영향을 미칠 수도 있다. 또한, 질문 중에 답변할 자료를 찾기 위해 뒤적거리거나 컴퓨터로 자료를 찾는 행동도 해서는 안 된다.

당신은 철저하게 목표 지향적이어야 한다. 프레젠테이션의 목표는 청중을 이기기 위한 것도, 당신의 현명함을 자랑하기 위한 것도 아니다. 최종 목표는 청중에게 이성적으로나 감성적으로 공감을 끌어내야 한다.

질문자 근처로 이동하거나 질문자와 시선을 맞추고, 고개를 끄덕이면서 존중하는 태도를 보여라. 그리고 질문을 받을 때는 질문자에게 관심을 맞추되 답변할 때는 청중 전체를 향해 답변하라. 자칫 질문자와 일대일 커뮤니케이션이 답변 시까지 이어지면 다른 청중은 외면할 수도 있기 때문이다.

훌륭한 프레젠테이션은 질의응답 시간에 의해 완성된다. 질문을 예상하고 그에 대한 준비를 철저히 하라. 질문을 받았을 때는 질문자를 바라보면서 질문에 대한 공감적인 제스처를 취하고, 끝까지 청취하라. 질문을 요약하고 인정하며 칭찬한 다음 정중하고 성의 있는 자세로 답변하라. 이를 프레젠테이션을 보충하고 풍성하게 하는 시간으로 활용한다면 당신의 발표는 더 빛날 것이다.

본 프레젠테이션 이상으로 중요한 것이 청중의 질문에 대해 능숙한 답변을 제공하는 것이다. 훌륭한 발표는 능숙한 질의응답 시간으로 마무리된다. 질의응답 시간을 프레젠테이션을 보충하고 풍성하게 하는 시간으로 활용한다면 당신의 발표는 더 빛날 것이다.

PRESENTATION

★ ★ ★ PART 7 ★ ★ ★

프레젠테이션의 성격에 따라 달라지는 성공의 핵심 포인트

PRESENTATION

개인기보다 팀워크가 중요한 행사 진행

우리가 앞질러 대비하고 준비한 것은 거의 실패하고 불운한 일이 일어나지 않는다.

-디즈레일리

행사의 진행은 진행자의 프레젠테이션 능력만으로 해결되지는 않는다. 프레젠테이션 능력보다는 다른 스텝들과의 팀워크가 중요하다. 이처럼 행사의 성격에 따라 스타일을 달리한다.

어느 회사의 창립기념식장에서 실제로 있었던 일이다.

"지금부터 주식회사 ○○ 17주년 창립기념식을 시작하겠습니다. 먼저 국민의례가 있겠습니다. 모두 자리에서 일어나 단상의 국기를 향해 주시기 바랍니다. 국기에 대하여 경례!"

바로 애국가가 나와야 하는데 애국가가 나오지 않았다. 모두 어리둥절해 하고 한편에서는 웅성거리기까지 한다. 상황을 판단한 사회자가 얼른 '국기에 대한 맹세'를 낭독하기 시작했다.

“나는 자랑스러운 태극기 앞에….”

이때 흘러나오는 애국가, 당황한 사회자가 낭독을 멈추고 모두가 혼란스러워하는 상황이 연출되었다. 어쨌든 행사는 계속 진행되었다.

“다음은 창립기념일을 맞아 모범사원에 대한 표창장 수여식이 있겠습니다. 호명하는 사우께서는 앞으로 나와 주시기 바랍니다.”

나온 사람들은 상장 수여 순서와는 상관없이 각기 맘에 드는 자리에 섰고 시상하는 임원은 왼쪽 오른쪽에서 나오는 수상자들 때문에 왔다 갔다 해야 했다. 행사를 마치고 창립기념식의 사회자는 아주 곤욕을 치러야 했다.

물론 행사 진행의 경험이 많은 사람이 아니고는 실제 어떤 행사를 매끄럽게 진행한다는 것은 쉽지 않다. 그만큼 행사 진행은 부담스러운 일이다. 단순히 어떤 내용의 프레젠테이션과는 성격이 다르다. 한 사람만 잘해서 되는 일도 아니고, 여러 사람이 호흡을 제대로 맞추지 않으면 원활한 진행을 하기란 쉽지 않다. 그만큼 돌아오는 것도 크다. 일단 행사의 진행을 맡았다는 것은 많은 사람에게 자신의 존재를 알릴 기회이며, 한 번 인정받으면 계속 진행을 맡게 될 수도 있다. 주제마다 발표자가 달라지는 일반적인 프레젠테이션과는 다르다.

또한, 행사의 진행자는 발표자와는 달리 제스처나 표정에 제약을 받는다. 발표자가 발표 공간을 자유스럽게 사용할 수 있지만 고정된 위치에서 모든 것을 다 해야 한다.

마지막으로 행사의 진행자는 청중과의 상호작용에 한계를 가진다. 질문과 응답을 통해 상호작용을 할 수도 없으며, 발표자가 프레젠테이션의 주인공인데 비해 행사의 진행자는 주인공이 아니기 때문이다. 그렇다면 여러 가지 제한 속에서 어떻게 뛰어난 행사 진행자가 될 수 있을까?

가. 행사의 성격을 파악한다

행사 진행을 잘하기 위해서는 일단 행사의 성격을 파악해야 한다. 단순히 매년 돌아오는 기념일인지, 회사가 어떤 의도를 가지고 개최하는 행사인지, 무언가 의미 있는 기점을 만들기 위한 행사인지를 파악하라.

만일 매월, 매년 돌아오는 의례적인 행사라면 틀을 마련하고 그대로 진행하면 된다. 그다지 새로운 아이디어가 필요하지 않다는 것이다. 그러나 회사가 특정한 의도를 가지고 개최하는 행사, 예를 들면 비전 선포식, 결의대회와 같은 행사는 많은 아이디어가 필요하다.

행사의 성격에 따라서 진행하는 스타일도 바뀌어야 한다. 즐거운 분위기, 엄숙한 분위기와 같이 스타일을 달리해야 한다.

나. 억지로 웃기려고 하지 않는다

가끔 행사 진행을 하면서 억지로 웃기려고 하다가 분위기를 망치는 일을 보게 된다. 일반 프레젠테이션에서는 의도적으로 웃음을 유도해서 청중의 집중을 끌어내야 할 필요가 있지만, 행사의 진행은 의도적인 웃음을 통한 분위기 형성이 필요 없다.

행사의 진행에서는 쌍방향 커뮤니케이션의 중요성이 상대적으로 낮다. 대부분 진행자가 이야기하고 그에 따라 정해진 순서가 지속해서 원활하게 일어난다. 행사 진행자에게는 청중의 반응보다 원활한 진행이 중요하다. 군더더기 없이 깔끔하다는 것은 시간의 낭비 없이 분위기를 유지한 상태로 순서에 문제없이 흘러가면 진행을 잘한다는 소리를 들을 수 있다. 유머를 사용하지 말라는 이야기가 아니라 유머에 집착할 필요가 없다는 것이다.

다. 팀워크를 위해 리허설을 반드시 한다

일반적으로 행사는 진행자 혼자 운영하는 것이 아니다. 행사를 진행하는 구성원들의 호흡이 가장 중요하다. 행사에 참석하는 내빈의 입장에서부터 의식의 음향효과 시상식이 있을 때 시상 도우미의 역할 등 모든 것을 연습을 통해서 호흡을 맞추어야 원활한 행사의 진행이 가능하다.

행사에 시상식을 포함하는 경우 상장을 읽는 것, 시상자에게 전달하는 연습이 되어 있지 않아 부자연스럽게 진행되면 행사의 품위를 잃어버릴 수 있다.

라. 매체를 능숙하게 활용한다

행사의 진행에는 프레젠테이션과는 달리 매체의 역할이 매우 크다. 내빈 입장 시의 음악, 개회 선언, 시상식 음악 등의 준비와 무대 전면에 화면을 사용하는 경우 화면의 작동에 대해 완벽하게 연습하라. 사회자의 진행원고를 전문으로 작성하고 그 사이 사이 매체의 활용에 대해서 표시하며 진행요원 전원이 그 원고를 들고 한 사람처럼 움직이게 한다.

마. 사회자의 원고는 단문으로 작성한다

사회자의 원고는 꼭 필요한 말로만 구성해야 한다. 군더더기가 많으면 실제 움직이는 사람들, 예를 들어 시상자, 축사하는 내빈 등의 이동과 동작이 어색해질 때가 많다. 사회자의 목표는 행사를 원활하게 하는 것이다. 그러므로 필요 없이 긴 문장을 사용하지 마라.

"다음은 창립 17주년에 즈음하는 대표이사님의 축사가 있겠습니다."

"다음은 창립 17주년에 즈음하는 축사가 있겠습니다. 축사는 대표이사님께서 해주시겠습니다."

후자의 경우가 더 세련되어 있다고 생각할지도 모르나 대표이사는 자칫 이단 동작으로 일어서게 될 것이다. 왜냐하면 '축사가 있겠습니다'라는 말에 일어서려다 잠시 멈출 수 있기 때문이다. 아무것도 아닌 것처럼 느껴질지 몰라도 왠지 부자연스럽게 보일 것이다.

바. 사회자의 시선은 아주 중요한 수단이다

사회자의 시선은 청중을 향해 있는 것이 기본이다. 그러나 누군가의 동작을 유도해야 한다면 그를 향해 시선을 보내어 타이밍을 맞추도록 도와줘야 한다.

"(부사장을 쳐다보며) 당사 창립 17주년을 맞이해 창립에서부터 현재까지의 과정을 뒤돌아보는 회사 연혁 소개를 부사장님께서 해주시겠습니다 (고개를 끄덕거림)."

이렇게 소개하면 부사장도 자리에서 일어날 타이밍을 맞출 수 있다.

행사의 진행은 여러 사람과의 호흡을 맞추어야 하고, 발표자의 제스처나 표정에 영향을 크게 받지 않는다는 점에서 일반 프레젠테이션과 다르다. 원활한 진행을 위해서 같이 진행하는 사람과 함께 리허설을 하고 원고를 짧게 구성하라.

PRESENTATION

내용보다 형식이 우선인 보고의 핵심

삶의 목적은 자기계발이다. 자신의 본성을 완벽하게 실현하는 것,
바로 그 목적을 위해 우리가 모두 지금 여기 존재한다.

-오스카 와일드

최 과장은 지금 팀장에게 지난달 실시했던 '고객 감사 캠페인'의 결과를 다음과 같이 보고했다.

"지난달 캠페인 결과를 보고 드리겠습니다. 애초 캠페인의 목표는 고객의 70%에게 감사 전화를 드리고, 추가 구매 고객 35%, 매출액 14억 원을 달성하는 것이었습니다. 하지만 여러 가지 문제가 발생했는데요. 고객 통화율이 생각만큼 높지 않았습니다. 그게 참 어렵더라고요."

"결과는?"

"간신히 70% 고객과 통화를 했습니다만 상담원들이 고객에 추가 구매를 권유하는 데 어려움이 있었습니다. 교육도 하고 그랬는데."

"그래서 결과가 어떻게 되었냐고?"

"결과는 원래 목표대비 72% 정도 달성했습니다. 그것도 어렵게 달성했습니다. 정말 어려웠거든요. 여러 가지 상황이 얽혀 있어서."

"어떤 상황?"

"일단 통화 성공률이 좀 낮았고요. 그리고 음…."

"아니 이 사람아 지금 그걸 보고라고 하나? 자네는 과장씩이나 되면서 보고도 할 줄 모르나? 내일 다시 보고해. 정확한 결과, 그 원인, 대책 모두 다 보고 하라고."

팀장은 윤 과장을 불렀다.

"윤 과장, 그쪽 파트는 캠페인 결과 어떻게 되었어. 와서 보고해봐."

"네, 캠페인 결과는 통화 목표 대비 87%, 추가 구매고객 목표 대비 28% 매출액 목표는 80% 달성했습니다. 예상보다 달성률이 많이 저조합니다."

"그 이유가 뭐지?"

"네, 목표 부진 이유는 3가지 정도로 말씀드릴 수 있습니다. 첫째, 담당 지역이 아파트가 많은 곳이 보니 맞벌이 부부가 많은 점을 계획 단계에서부터 간과했었습니다. 둘째, 상담직원의 경력이나 능력을 고려하지 않고 통화, 매출 목표를 분배했습니다. 결과적으로 경력이 많은 상담직원들은 쉽게 목표를 달성하고 여유를 가졌지만, 신입 상담직원들의 목표 달성률이 상대적으로 낮았습니다. 셋째, 고객별 구매 성향을 파악하지 못했습니다. 통화 수를 늘리면 추가 구매 고객이 많아질 것으로 생각했는데 실제 통화 수의 증가와 구매 고객 수는 그렇게 관계가 없다는 결과가 나왔습니다."

"그래서 어떻게 할 거야?"

"앞으로 캠페인을 실시할 때에는 담당 지역을 분석하고 맞벌이 부부를 대비해 고객 데이터에 휴대폰 번호를 추가해 놓으면 좀 더 통화 성공률이 높을 것 같습니다. 또한, 경력과 능력에 따른 목표를 분배해서 가능하면 많은 직원들이 목표를 달성하게 되고, 성취감도 맛보도록 해서 자신감을 회복하겠습니다. 마지막으로 과거 구매 성향을 파악하고 그에 맞는 상품을 권유해 보도록 준비하겠습니다."

"그래, 이쪽 파트는 준비가 되어 있는 것 같군. 다음에는 잘하라고."

실제 윤 과장은 최 과장 보다 목표 달성률이 더 낮았다. 그러나 보고의 형식을 잘 선택했고, 근거와 대책을 설득력 있게 보고 함으로써 더 나은 평가를 받을 수 있었다. 아마 일은 자신이 더 잘했는데 평가는 동료가 더 잘 받는다고 투덜거려본 경험이 있다면 보고 방법을 돌아볼 필요가 있을 것이다.

물론 보고 방법을 바꿔서 책임을 피할 수 있다는 생각은 버려라. 단지 앞으로 일을 더 잘할 수 있을 것 같은 느낌을 줌으로써 상사의 신뢰를 확보하고 지원을 얻어낼 수 있어야 한다. 합리적인 이유로 성과가 좋지 않은 것을 제대로 전달하고 대책을 제안할 수 있어야 한다.

보고와 전달은 내용보다 형식이 더 중요하다. 어떻게 전달하느냐에 따라서 받아들이는 느낌이 다르기 때문이다. 많은 사람들이 보고하는 형식을 제대로 선택하지 못함으로써 상황을 더 악화시키기도 한다. 그렇다면 보고는 어떻게 하는 것이 좋을까?

가. 결론부터 이야기한다

보고받는 사람은 모든 것을 다 알고 싶어 하지 않는다. 자신이 궁금해 하는 것을 알고 싶어 한다. 어떤 상황에 대한 결론을 알고 싶어 하고 그 결론에 의문이 생겼을 때 궁금한 것을 물어보게 되어 있다.

어떤 말이든 서론이 길면 장황하게 느껴진다. 그리고 그 결과에 대해 궁금해진다. 그러나 보통의 경우 배경, 원인 등을 먼저 보고하게 되면 무척 장황하게 느껴진다. 그 결론에 대해 나름대로 예상을 하게 된다. 대부분 보고자 보다 경험이 많은 상사는 서론을 들으면 결론을 대충 예상할 수 있다. 결국, 뻔한 결론을 듣기 위해서 자신이 관심을 갖고 있지도 않은 시시콜콜한 내용을 들어야 하는 것은 괴로운 일이다. 간단히 결론을 이야기하고 그 배경이나 원인에 대해서 질문하면 그때 말한다.

나. 자기 의견이 개입되지 않은 객관적인 사실부터 말한다

자기 생각, 추측, 아이디어는 상대방이 의문을 갖거나 반론을 제기할 수 있다. 그러므로 자신의 의견보다는 객관적인 사실, 데이터가 더 설득력이 있다. 결론에 이르게 된 배경, 원인을 말할 때도 누구나 인정할 수 있는 객관적인 사실을 먼저 말하는 것이 효과적이다.

"담당한 지역이 주로 아파트 단지로 구성되어 있습니다[객관적 사실]. 그렇다면 맞벌이 부부가 많다고 추정됩니다[자신의 추측]. 그래서 통화율이 낮을 수밖에 없다고 생각합니다."

"우리 고객의 70%가 여성입니다[객관적 사실]. 여성은 남성보다 외형이나 디자인에 더 관심을 많이 갖습니다[객관적 사실]. 그러므로 이번에 출시한 신제품이 제대로 시장의 호응을 얻어내지 못한 것은 우리가 디자인보다 기능에 너무 치중한 것이 원인이 아닌가 생각합니다."

"경쟁사보다 당사의 인지도가 떨어지는 것은 사실입니다객관적 사실. 그래서 신제품의 출시보다 더 급한 것은 인지도를 높이는 전략입니다. 이 인지도를 높이기 위해서는 좋은 기업의 이미지를 심어 주는 것입니다유추된 객관적 사실. 그래서 하반기에는 상품광고보다 기업 이미지 홍보에 예산을 더 배정하는 것이 합리적이라고 생각합니다자신의 의견."

다. 명쾌하게 이야기한다

가능한 한 '~인 것 같습니다', '~일지도 모릅니다', '확실한 것은 아닙니다만', '~정도', '~쯤'과 같은 불확실한 표현을 사용하지 않는 것이 좋다. 근거 없이 이야기하는 것으로 보이고, 상황을 파악하지 못하고 있는 것처럼 보인다. '~입니다', '~라고 생각합니다', '~라고 확신합니다'와 같은 명쾌한 표현을 사용하라.

사적인 자리가 아니고 업무에 대해 보고하는 자리에서는 공식적인 표현을 사용하라. '~이거든요', '~했고요'와 같은 표현보다는 '~입니다'와 같이 형식을 갖추어서 이야기하는 것이 좋다.

물론 비공식으로 업무에 대한 의견을 주고받는 자리에서는 그리 중요한 일이 아니겠지만, 격식을 갖추어서 이야기하면 듣는 이도 좀 더 신뢰하면서 들을 것이다.

결론이 어떻든 간에 보고하는 형식에 따라 그에 대한 반응이 달라질 수 있다. 계획에 관해서건 결과에 관해서건 확실한 태도로 격식을 갖추어 이야기한다. 그리고 상대가 가장 관심 있어 할 결론부터 말하는 것이 바람직하다.

PRESENTATION

명강사로 인정받는 4가지 포인트

모든 전사 중 가장 강한 전사는 이 2가지, 시간과 인내다.

-레프 톨스토이

“지금까지 직장생활에서 자신을 계발해 나가는 것이 얼마나 중요한 것인지, 그리고 어떻게 자신을 가꾸어 나갈 것인지에 대해서 말씀드렸습니다. 아직 자기계발에서만큼은 여러분에게 본보기가 되기엔 부족한 선배이지만 시간이 지나고 나니 후회스러운 점이 많아서 여러 가지 이야기를 한 것 같습니다.

너무 많은 이야기를 드려서 자기계발이 너무 어려운 것처럼 느껴지실 수 있겠다는 걱정이 앞섭니다. 오늘 우리가 나눈 이야기 중에서 한 가지라도 실천해보겠다고 생각한 것이 있다면 바로 실행에 옮기시면 될 것입니다. 그렇게만 된다면 여기 있는 선배는 이 시간에 대해서 많은 보람을 느낄 수 있을 것 같습니다.

제가 여러분과 이야기를 나누다 보니 혹시 한 사람이라도 마음에 상처가 남았을까 걱정이 됩니다. 그냥 의욕을 가지고 후배에 대해 애정을 가지고 이야기하다 보니 그랬나 보다 하고 이해해 주시고 마음에 담지는 마시기 바랍니다. 어쨌든 사회생활을 시작하는 여러분께 제 이야기가 조금의 도움이라도 되었으면 하는 바람으로 이 시간을 마칠까 합니다. 잘 경청해주시고 참여해 주셔서 감사합니다. 여러분의 성공을 빕니다."

최 대리의 강의가 끝나자 신입사원들의 우레와 같은 박수가 터져 나왔다.

인사팀장이 다가와서 "와! 최 대리, 오늘 강의 정말 멋졌어요. 앞으로 강의 있음 최 대리에게 부탁해야 하겠는걸! 어떻게 이렇게 강의를 잘해요? 정말 훌륭합니다. 신입사원들이 큰 힘이 되겠는데요. 고맙습니다"하고 칭찬했다. 뿌듯한 마음으로 강단에서 내려온 최 대리는 '이제 나도 자기계발을 게을리 할 수는 없겠군' 하며 마음을 다졌다.

강의는 직장 내에서 자신의 능력을 발휘하는 좋은 방법임과 동시에 자신을 계발하는 훌륭한 수단이다. 유능한 강사는 유능한 사원으로 인정받는다. 직장에서 자신을 알리고 가치를 인정받는 좋은 방법 중 하나는 사내 강의에 참여하는 것이다. 유능한 사내 강사의 강의는 이런 효과가 있다.

첫째, 조직 내에 유능한 전문가가 있음으로써 조직원들이 자부심을 가질 수 있다. 둘째, 자신들의 상황을 잘 이해하는 사람의 강의이므로 현실감 있게 받아들인다. 셋째, 강의를 통해서 자신을 알린 만큼 강의를 한 사람은 모든 것에 모범이 되려고 노력함으로써 자신의 발전을 도모할 수 있다.

가끔 강의 요청을 받을 때 강의 내용 중에서 이런 부분은 그 조직 내의 사람이 해주면 좋을 것 같은 때가 있다. 조직의 특성과 성향을 잘 아는 사람이 실감나게 이야기하는 것이 외부에서 온 전문 강사보다 효과적인 내용이 있기 때문이다. 아무래도 강의를 업으로 삼는 사람이 아니라서 강의를 진행하는 기술은 부족할 수 있겠지만, 제삼자의 이야기보다 현실감이 있고, 조직에 대해 애정이 있으므로 더 설득력이 있을 것이란 생각이 든다.

어떤 기업은 전체 교육 내용 중에서 일부분을 사내 강사에게 맡기고, 외부의 전문가가 맡아야 더 효과적인 내용을 외부 강사에게 맡기는 것을 볼 수 있다. 그럴 때 그 회사의 담당자는 무척 자랑스럽게 이야기하는 것을 보면 실력 있는 사내 강사의 가치를 다시 한 번 느끼게 된다.

그렇다면 일반적인 프레젠테이션과 강의는 어떤 차이가 있을까? 프레젠테이션과 강의는 정보의 전달과 설득, 2가지 기능을 담당하는 것은 같지만, 프레젠테이션은 정보의 전달에 중점을 두고 강의는 설득에 좀 더 비중을 둔다는 점에서 차이가 있다. 여러 가지 근거를 통해서 하나의 주장을 펼치는 것이 발표이고, 하나의 주장을 가지고 그 당위성과 타당성을 빌어 청중의 행동 변화에 강한 압력을 행사하는 것이 강의라고 할 수 있다.

사내 강사들이 갖추어야 할 조건들이 많이 있다. 전문적인 지식, 강의 스킬, 평소에 주위로부터 받는 인정 등 많이 있지만, 기업에서 교육을 담당하고 강의를 시작한 나의 경험에서 몇 가지 부탁하고자 한다.

가. 자신감 있는 겸손함을 가지고 접근한다

특별한 지식을 전달하는 강의가 아니라면 직장 내의 강의는 대부분 다 알고 있는 내용을 강조하거나 상기시키는 것이다. 그런데 많은 사내 강사들이 자신이 교육에 참여한 사람들보다 더 훌륭하고 더 많이 알고 있으며 특별한 사람이라는 태도를 가지고 강의에 접근한다.

강의에 임할 때 자신감이 있어야 함은 사실이다. 그러나 겸손함이 없는 강사는 교육에 참여한 이들로부터 외면을 당할 수가 있다. 직장 내에서 이루어지는 대부분의 강의는 교육에 참여한 사람들이 한 가지 주제를 놓고 같이 생각하고 느끼는 속에서 행동을 변화하고자 하는 분기점을 만드는 시간이다.

자신이 일방적으로 '어떻게 해야 한다'라고 전달하는 것이 아니고 '어떻게 하면 좋을까?'를 함께 생각하는 시간으로 만들자고 해야 한다. '자신감 있는 겸손함'을 가져야 한다.

나. 강사로서 자격을 확보한다

'제가 왜 이 강의를 맡게 되었는지는 모르겠지만', '잘할 수 있을지 모르겠습니다', '주어진 시간이니 일단 시작하겠습니다'와 같은 말은 강사의 신뢰도를 급격하게 떨어뜨릴 수 있다. 옛말에 과공비례(過恭非禮)라는 것이 있다. 공손함도 지나치면 예의에 벗어나는 것이라는 의미이다. 어쨌든 강의를 맡게 되었으면 그 시간의 목표를 달성해야 한다. 교육에 참여한 이들은 강사로부터 무엇인가 배우고 싶은 마음이 있다. 억지로 참여한 교육이더라도 빈손으로 돌아가고 싶지 않은 것이 인지상정일 것이다. 그러므로 당신은 주제에 대해서 잘 알지는 못하지만, 많이 생각하고 고민했음을 표현하라.

"생활 속에서 이 문제에 대해 많이 고민했습니다. 이런 고민을 통해서 제가 느낀 점과 여러분의 경험과 생각을 서로 나누고 함께 배우는 시간이 되었으면 좋겠습니다.

다. 강의 이외의 방법을 모색한다

많은 경험과 이미 형성된 가치관을 가진 성인들을 대상으로 하는 교육은 더 신중해야 한다. 일방적으로 전달하거나 강요하거나 설득하는 강의는 교육에 참여에 이들의 반발을 불러일으킬 수 있다.

성인은 자신이 인정하는 이슈에 훨씬 더 잘 설득된다. 예를 들면 변화에 민감해야 한다는 내용을 강의할 때 여러 근거를 들면서 강사 혼자 변해야 한다고 외치는 것보다, 교육에 참여한 이들의 생각을 묻고 그에 대해 강사가 인정하고 보충하는 형식의 강의가 더 참여를 불러일으킬 수 있다.

변하지 않으면 안 된다는 내용을 이야기할 때, 객관적인 자료를 사용하는 것도 좋다. 변화에 실패한 기업들에 대한 기사를 활용한다든지, 동영상을 활용하는 것이 강사가 열 번 강조하는 것보다도 더 효과적이다. 또한, 자신들이 강의 주제를 이슈화하고 실천 방법을 모색하는 토의 시간을 주고 프레젠테이션 시간을 갖는 것도 효과적이다.

라. 철저히 준비하고 한 번 더 연습하고 강단에 선다

앞에서 다루었지만, 연습은 정말 중요하다. 더구나 강의는 적절한 강사의 연기력이 필요하다. 발표처럼 한정된 제스처나 언어의 변화에 그치는 것이 아니고 더 큰 제스처, 이동, 억양의 변화가 필요한 작업이다.

강의를 설계하고 강의안을 작성하는 것도 큰 노력이 필요하고 철저한 계획에 의해서 준비하고 연습하라. 교육 참여자들에게 질문하는 것, 그에 피드백하는 것, 동작, 멈춤, 슬라이드 전환, 멀티미디어 활용이 모든 것을 계획한다. 그리고 강의안에 포함한다. 그다음은 말하지 않아도 무슨 말을 하고자 하는 것인지 여러분은 다 알 것이다. 연습만이 좋은 강의로 이끈다.

강의는 프레젠테이션 보다 설득과 감동에 비중을 둔다. 치밀하게 준비하고, 더 연습한다. 그리고 겸손하고 자신 있게 임한다. 강의는 프레젠테이션 보다도 더 높은 공신력이 필요하다. 가르친다는 생각보다는 함께 나눈다는 생각으로 임하라.

PRESENTATION

핵심이 담긴 짧은 프레젠테이션이 바로 실력이다

행운이란 준비와 기회와의 만남이다.

-오프라 윈프리

짧은 프레젠테이션은 긴 발표에 비해 더 어렵고 더 많은 준비가 필요하다. 인상 깊은 프레젠테이션을 위해서는 더 강력한 메시지를 준비해야 한다. 다음은 김연아 선수가 했던 프레젠테이션 원문이다.

감사합니다. 김 대사님.Thank you, Ambassador Kim.

로제 위원장님, IOC 위원 여러분 안녕하세요? President Rogge, members of the IOC, good afternoon.

로잔에서 뵙고 7주밖에 되지 않았다는 것이 믿기 어렵네요. It's hard to believe it's only been seven weeks since we met in Lausanne.

그 이후 저는 오늘을 위해서 제가 뛰었던 경기보다도 더 열심히 연습했답니다.

Since that time, I've been training harder for today than most of my competitions.

그리고 로잔에서처럼 아직 조금 떨립니다. And just like in Lausanne, I'm still a little bit nervous.

사실 이런 과정에 참여하는 것이 제 나이에는 겸손해지는 경험이 됩니다. After all, to be part of this process, it's very humbling for some in my age.

여러분께서는 오늘 역사적인 결정을 하실 것이고 It is humbling because you are making history today.

제가 그 과정의 작은 부분에 참여하기 때문입니다. And I get to be a small part of it.

밴쿠버 올림픽 출전 당시에도 똑같은 기분이었습니다.I remember feeling the same way when I competed in Vancouver.

10년 전 평창 동계올림픽 유치를 위한 꿈이 시작되었을 때 저는 서울의 한 아이스링크에서 올림픽의 꿈을 꾸는 아주 어린 소녀였습니다.10 years ago, when Pyengchang began its dream to host the winter games, I was young girl seeking for my own olympic dreams on ice rink in Seoul.

그때 다행히도 저는 한국의 좋은 연습시설과 코치들이 있는 동계 종목을 선택했었습니다. At the time, I was fortunate to choose a winter sport that had good training facilities and coaches in Korea.

그러나 아시다시피 한국의 동계종목 선수들은 올림픽의 꿈을 이루기 위해 지구의 반 바퀴를 돌아 연습하러 가야 하는 선수들도 많았습니다. 하지만 이제 저의 꿈은 다른 지역의 선수들과 제가 가졌던 기회를 나누는 것이 되었고, But as you know many korea winter athletes travel half way around the world just to train for their olympic dreams. But now my dream is to share the opportunities I had with other athletes in new region.

2018년 평창올림픽이 그것을 실현하는 데 도움이 될 것입니다.And pyeongchang 2018 can help to achieve that.

한국 정부의 〈The drive the dream(더 드라이브 더 드림, 꿈을 향해 나아가라)〉 프로젝트는 동계스포츠 시설 및 선수훈련을 지원하는 프로그램입니다.Our government created 〈The drive the dream〉 project to fund winter sports facilities and training for athletes.

이런 프로그램 덕분에 한국은 총 14개의 메달을 밴쿠버에서 획득했지요. 제 것을 포함해서 말입니다.Thanks to this program, korea earned a total of 14 medals in Vancouver including mine.

82개국 중에서 7위의 성적을 거두었지요.And we placed 7th in overall medals won out of 82 countries.

앞으로 더 좋은 성적을 내기 위해서는 2018년 평창 올림픽 개최를 위해서 지어질 새 경기장들이 필요합니다. To do even better in the future, we need the new venues that pyeoungchang 2018 will bring.

새로운 지평이라는 비전이 남기게 될 유산은 아마도 경기장보다도 더 중요할 것입니다.With new horizons will leave a legacy that is perhaps more important than venues.

저는 인적 유산에 대해 말씀드리는 겁니다.I'm talking about human legacy.

제가 바로 한국 정부가 동계스포츠 수준을 높이기 위해 해왔던 노력이 낳은 살아있는 유산이기도 합니다.I'm an example of a living legacy, of our government's effort to improve the standards of korea winter sports.

그리고 지금 아마 저는 저희의 (유치전) 승리가 의미하는 것이 무엇인지를 그 누구보다도 잘 알고 있습니다. And I know now, perhaps, more than I ever imagined what our victory will mean.

그것은 바로 성공과 성취의 가능성입니다. It will mean the possibility for success and achievement.

이것이야말로 전 세계의 모든 젊은이들에게 필요하고 주어져야 합니다.That's what young people everywhere in the world need and deserve.

마지막으로 저는 개인적인 인사를 드리고 싶습니다. And lastly, I'd like to add personal note today.

사실 어떤 올림픽 출전선수가 한꺼번에 모든 IOC의원님들에게 감사하다는 말을 할 기회를 얻기란 너무 어려운 일이지요. It's rare for an olympian actually get to say thank you to all IOC members at one time.

그래서 오늘 저는 말씀드리고 싶습니다. 저 같은 사람이 꿈을 이루고 또 다른 사람들에게 희망을 줄 기회를 주신 것에 대해서 진심으로 IOC 의원님들에게 감사드립니다. So please allow me to say thank you dear IOC members for providing someone like me the opportunity to achieve my dreams and to inspire others.

감사합니다.Thank you.

김연아는 피겨스케이트 선수로 온 국민에게 기쁨과 자부심을 주더니, 2018년 평창 동계올림픽 유치를 위해 여러 활동에 참여해서 많은 IOC 위원 앞에서 평창을 선택해 달라는 인상 깊은 프레젠테이션을 했다. 이 프레젠테이션의 방송된 이후 원문을 검색하다가 처음 찾은 곳이 어느 영어 학원 홈페이지여서 한번 또 놀랐던 기억이 있다.

바로 이 영어 원문이 영어 학원 교재가 되어버린 것이다. 프레젠테이션 교육 중에 가끔 이 동영상을 보여주기도 하는데, 많은 사람들이 프레젠테이션 시간이 3분이 채 되지 않는다는 것을 알고 놀라기도 한다. 다시 말해 이 짧은 시간 동안 부족함 없는 메시지로 채워져 있기 때문이다.

생활하다 보면 이렇게 짧은 프레젠테이션을 해야 할 때가 있다. 예를 들어, 회사를 방문한 이들에게 간단한 환영 인사, 새로 입사하거나 부서를 옮기고 난 뒤의 자기소개 및 인사, 돌잔치 같은 행사 다음에 전하는 감사 인사, 건배사 등이 있을 것이다. 사실 이렇게 짧은 시간에 해야 하는 프레젠테이션이 더 어렵다. 그러나 더 어렵지만 짧게 전달하기 때문에 강하게 전달할 수 있고 기억에 오래 남는 발표임이 분명하다.

가. 욕심을 버린다

시간이 짧은데 전하고 싶은 메시지가 많으면 결국 듣는 이는 혼란스럽다. 더구나 이런 내용이 정리되지 않은 상태로 전달되면 더 혼란스럽다. 기억에 남는 짧은 프레젠테이션은 작은 아이 초등학교 졸업식에서 교장 선생님께서 하는 축사다.

사실 졸업식이라는 행사 자체가 워낙 상도 많이 주고받는 내빈들이 참석하는 행사다보니 각자가 짧게 이야기 한다고 해도 길어지는 것이 보통이다. 그 말은 곧 듣는 이들은 생각하지도 않고 말하는 사람들의 시간이 되어버린다. 꽤 시간이 흘렀지만 그 교장 선생님의 말씀은 거의 원문 그대로 기억하고 있다. 물론 그때 졸업생이었던 아이도 그 교장 선생님 말씀을 기억한다. 그 이유는 교장 선생님께서 욕심을 버리신 결과이다. 소란스럽고 어수선한 졸업식장에서 길게 이야기하는 것이 큰 의미가 없다는 것을 아시고 실천하신 것이다.

"졸업생 여러분! 축하해요. 여러분 중학교에 가니까 좋아요? (학생들이 '네'라고 대답) 그런데 선생님은 좀 서운하네요. 그래서 선생님이 선물을 하나 준비했는데 이 선물을 ○반 1번 학생에게 줄게요. ○반 1번 학생 나오세요(학생이 나오자 준비한 선물 수여, 선생님께서 준비하신 선물은 앨범). 이 선물을 주는 이유는 앞으로 여기에 여러분이 정말 좋은 기억만 담으라고 주는 거예요. 여러분 모두에게 주지는 못하지만 여러분도 이 앨범에 정말 좋은 일만 가득 담기를 바라요.

여러분 졸업을 축하합니다. 그리고 여러분과 함께 했던 선생님, 친구들을 기억해주세요. 그리고 뒤에 계신 부모님들 늘 건강하시기 바랍니다. 감사합니다."

교장 선생님의 말씀이 끝나자 뒤쪽에서 엄청난 환호와 박수가 터져 나왔다. 이처럼 짧은 프레젠테이션은 원래의 목적 하나만 기억하고 그 목적에만 충실해야 한다. 축사면 축하하는 데, 감사의 인사면 감사의 마음을 표현하는 데, 당부 사항이면 그 당부를 전달하는 데, 전입인사라면 지금의 느낌과 부탁을 하는 데, 건배사라면 그 잔에 담긴 기원을 표현하는 데 집중해야 한다.

짧은 시간에 담기는 당신의 욕심의 무게만큼 당신의 메시지는 청중에게 전달되기 부담스러워지는 것을 기억하길 바란다.

나. 강한 소재로 시작하여 청중의 기대를 높인다

시작이 멋지면 짧은 시간 동안 청중의 주의를 붙들고 있을 수 있다. 그래서 청중의 마음속에서 '아!', '멋지다!'라는 탄성이 일 수 있도록 강한 소재를 사용하라. 짧은 시간에 도입이 길면 청중은 '장황하다'고 느낄 것이다. 이미 고인이 되었지만 생전에 최고의 프레젠터로 인정받았던 스티브 잡스는 이런 파격적인 소재와 어휘로 청중을 휘어잡았다.

"오늘 우리는 엄청 대담한 일을 해보려고 합니다."

그렇다면 청중의 기대를 높일 수 있는 강한 소재는 어떤 것들이 있을까?

첫째, 오늘의 핵심을 대변할 수 있는 인용구를 사용하는 방법이 있다. 예를 들어 아이의 돌잔치에 참석해준 손님들에게 감사의 인사를 한다고 하자.

"'혼자 바라보면 꿈이 되지만 함께 바라보면 비전이 된다'고 합니다. 오늘 우리 아이의 돌잔치에 참석해주셔서 우리 아이의 꿈을 비전으로 키워주셨습니다. 이 비전이 현실이 될 수 있도록 아이와 함께 열심히 성장하겠습니다."

둘째, 자신의 습관 혹은 일상에서 의미 있는 소재와 오늘의 현실을 연결한다. 부서에 처음 발령받아 가서 인사말을 한다고 하면 이렇게 할 수 있을 것이다.

"제가 제일 잘하는 것이 일기 쓰는 일인데요. 오늘 만난 여러분 한 분한 분이 오늘 밤 제 일기장에 좋은 인연을 맺은 고마운 분이라고 표현될 것 같습니다."

셋째, 비유나 유머를 통해 기대를 높이는 방법이다. 자칫 잘못하면 분위기를 썰렁하게 만들 수 있는 위험이 있기는 하지만 잘 사용하기만 한다면 아주 효과적이다. 특히 서로 잘 모르고 어색한 관계의 청중을 대상으로 하면 좋다.

"어느 날 우연히 차 안에서 들었던 이야기인데요. 남자가 일생을 살면서 말을 잘 들어야 할 여자 셋이 있다더군요. 어머니, 아내 그리고 내비게이션 속의 그 여인. 어머니와 아내는 바꿀 수 없겠지요. 그래도 내비게이션은 바꿀 수 있을 겁니다. 제가 여러분과 함께 하는 동안 여러분을 제 길을 안내하는 내비게이션으로 삼고 싶습니다. 많이 가르쳐주십시오."

이렇게 강한 소재로 시작하게 되면 청중의 집중력이 높아지고 이를 기반으로 간단히 바람이나 전하고 싶은 메시지를 전달하면 된다.

다. 청중과 더 많이 주고 받는다

짧은 시간 동안에 전달할 수 있는 정보와 메시지는 한계가 있다. 시간이 부족하다는 말이다. 이렇게 주어진 시간 동안에 메시지를 강하게 전달하기 위해서는 내용을 전달하는 언어적인 메시지보다는 비언어적인 메시지가 활발하게 만들어져야 한다. 말하는 속도, 목소리의 고저, 강약 그리고 중간중간 여백의 쉼과 같은 음성Vocal적인 표현이 중요하고, 청중과의 시선 교환, 발표자의 표정, 그리고 태도와 같은 시각Visual적인 요소가 시간의 부족을 극복하게 해줄 수 있다.

특히 사회생활을 하면서 많은 사람들이 언어적인 표현에 대한 감동과 기대수준이 높아진다. 특히 요즘처럼 쉽게 많은 정보를 얻을 수 있는 시대에는 그 높아지는 속도가 더 빨라진다. 그래서 웬만한 언어적Verbal인 표현은 갈수록 더 한계를 가지게 된다. 이런 이유로 발표자의 진심을 담아내는 데 효과적인 음성과 시각적인 요소에 더 신경써야 한다.

라. 건배사의 목표는 '기원'이다

프레젠테이션에 대한 강의 중이나 강의를 마치고 나면 멋진 건배사를 하는 방법에 관해 물어보는 이들이 뜻밖에 많다. 그만큼 건배사가 부담스럽기도 하고 자신을 알리는 효과적인 수단이라는 뜻도 되겠다. 건배사가 대표적이지만 실제 짧은 프레젠테이션은 어떤 기원을 담는 경우가 많다. 기원이라는 말은 사전적 의미로 '바라는 일이 이루어지기를 빈다'는 뜻이다. 기원은 미래지향적 표현이다. 그러나 이런 기원을 하는 프레젠테이션에서 과거의 이야기를 길게, 바람은 짧게 이야기하는 일이 많다. 이는 주객이 전도된 것이다. 과거의 이야기는 짧게 하고 미래에 대해 바람을 길게 하거나 강하게 이야기해야 한다.

미래의 바람을 표현하는 방법은 여러 가지가 있겠지만, 대표적으로 2가지만 알아보자.

첫째는 화자話者 기대법이다. '나는 이러이러한 것을 희망한다'는 형식으로 이야기하는 방법이다. '저는 간절히 바라고 있습니다', '저는 이런 기대를 하고 있습니다'와 같이 유도하는 구절을 따로 빼서 다음 이야기에 청중의 주의를 집중시킨 뒤 바람을 표현한다. 우리가 많이 알고 있는 마틴 루터 킹 목사의 연설의 유명한 부분이 이런 방식을 취하고 있다.

"나에게는 꿈이 있습니다. 언젠가 네 명의 내 자식들이, 피부색이 아닌 그들의 품성에 의해 평가받는 나라에서 살게 되는 것입니다 I have a dream that my four children will one day live in a nation where they will not be judged by the color of their skin but by the content of their character."

틀을 사용하면 자신의 비전, 희망, 바람을 쉽게 표현할 수 있다.

'저에게는 이런 바람이 있습니다. 내년 오늘 우리가 다시 이 자리에 모였을 때 우리의 마음속에, 우리가 나누는 대화 속에 한 해 동안 수고하고 노력한 서로에 대한 격려가 가득하며 무엇보다도 1년 동안 우리가 거두었던 결과와 성과에 대한 칭찬이 넘쳐흘렀으면 합니다. 행복하고 뿌듯한 내년의 오늘을 위해 건배하겠습니다.'

둘째는 미래제시법이다. 말 그대로 가진 바람이 이루어진 모습을 생생하게 제시하는 방법이다. 이 방법을 사용할 때 유의해야 할 것은 설명은 생략해야 한다는 것이다. 불필요한 설명은 이 미래제시법이 가지고 있는 생생함, 희망을 감소시킬 수 있다. 그냥 미래의 상황만을 표현하라. 그리고 마치 바람이 이루어졌을 때의 모습을 그림 그리듯 표현해내야 한다. 그래서 그런 회화적 표현력이 필요하다.

"주문량이 생산량을 초월했다는 소식이 들려옵니다. ○○협회 선정, 올해의 히트상품으로 선정되었다는 신문기사도 있네요. 이런 소식이 전해올 때마다 우리는 환호합니다. 그러다 보니 환호에 지쳤다는군요. 이런 행복한 날이 있을까요? 행복에 겨운 모습이 어떤 모습인지 알 것 같습니다. 내년 이맘때의 우리의 모습입니다. 행복에 겨운 내년 이맘때를 위해 건배하겠습니다."

"아주 여유로워 보입니다. 청중의 눈은 호기심과 가득합니다. 우리가 한마디 할 때마다 청중은 고개를 끄덕이기도 하고, 표정은 웃음으로 가득합니다. 프레젠테이션을 마치고 나니 어떻게 그렇게 프레젠테이션을 잘할 수 있는지 물어보는 사람들이 많군요. 지금처럼 프레젠테이션에 관심을 가지고 열심히 준비한 우리의 모습입니다. 그런 훌륭한 발표자가 된 미래의 우리를 위해 건배합시다."

짧은 프레젠테이션일수록 목표에 집중해야 한다. 메시지의 양과 표현에 대한 욕심을 버리고 좀 더 진솔하게 접근하라.

직장에서 자신을 알리고 가치를 인정받는 좋은 방법 중에 사내강의에 참여하는 방법이 있다. 강의는 직장 내에서 자신의 능력을 발휘하는 좋은 방법임과 동시에 자신을 계발하는 훌륭한 수단이다. 유능한 강사는 유능한 사원으로 인정받는 지름길이다.

부록

우수 프레젠테이션 사례:
MBA 지원 동기 발표

발표자

"MBA요? 이것 찾아 왔지요"

마흔의행복

MBA 00기 000

안녕하십니까, 저는 ○○○입니다. 여러분과 함께 MBA에서 함께 공부하게 된 걸 영광으로 생각합니다. 오늘 이걸 준비하면서 '왜 한다고 했을까?' 하고 (일동 웃음) 어젯밤 아이를 재우고 고민을 잠깐 하긴 했지만, 그래도 몇 시간 동안 여러분께 저를 소개하고, 그리고 이곳을 통해서 무엇을 얻어 가고 싶은지를 이야기를 나누는 시간이 되었으면 좋겠다고 생각했습니다. 그래서 부족한 점이 있어도 경청해주시면 감사하겠습니다.

저는 은행에서 근무하고 있구요. 직장을 만 13년 동안 다녔어요. 지금부터는 오늘 여기에 오게 된 이유, 그리고 어떤 것들을 얻어 가고 싶은가를 말씀드리고 싶습니다.

프레젠테이션을 시작하기 전에, 오늘 아침에 출근 아니, 학교에 오면서 라디오를 들었는데요. 미국에서 역대 사상 최대 금액으로 복권에 당첨된 사람이 있더라고요. 아침에 뉴스 보셨어요? 그 사람이 미화로 대략 7억 5천만 달러 정도 당첨이 됐는데, 우리나라 돈으로 8천600백억 원 정도 되겠네요. 그래서 이 사람한테 '뭘 하고 싶냐'고 물어봤다고 합니다. 이 사람이 뭐라고 대답했는지 들으셨어요?

청중남

"쉬고 싶다!"

발표자

네 맞습니다. "쉬고 싶다" 라고 했어요. 거기서 격한 공감을 했습니다. 쉬고 싶다. 그런데 이 사람이 제게 또 한 가지, 한 가지 꿈을 주었어요. 그게 무엇이냐면, 제가 원래 복권을 싫어하거든요. 남편이 로또를 매일 사면, '그런 불로소득을 원하면 나중에 돈이 잘 나간다더라' 이렇게 말하곤 했는데, 이 사람이 그러는 거예요. '자기는 복권에 당첨되는 것을 항상 꿈꿔왔었다'는 거예요. 아, 그래서 진짜 꿈을 꾸면 현실이 되는구나, 그런 생각이 들면서, '오늘 이렇게 프레젠테이션을 하는 게 의미가 있구나' 하는 생각이 들었습니다.

저는 오늘 MBA에 이것을 찾아서 왔습니다. 강사님께서 신문기사처럼 헤드라인을 잡으라고 해서 'MBA, 이것 찾아 왔지요'라고 썼습니다. (웃음) 마음의 행복.

목차

I. 중요한 시점 : 변곡점

II. 하고 싶은 일

III. MBA에서 꼭 챙겨갈 것

우선 오늘 말씀드릴 것은, 제가 여기까지 오게 될 때, 어떤 것들이 작용했는지를 봤어요. 지금이 나에게 어떤 시점인가를 제일 많이 생각했고, 두 번째는 하고 싶은 일이 무엇인가를 생각했고, 그 다음에 세 번째는 그럼 여기서 뭘 챙겨가야 할까, 이런 생각을 하게 됐습니다. 지원하면서 이런 것들을 정리해봤지만, 또 새롭게 했지만 여러분과 공유하고 다음 번에는 여러분의 이야기를 듣고 싶습니다.

Ⅰ. 전략적 변곡점

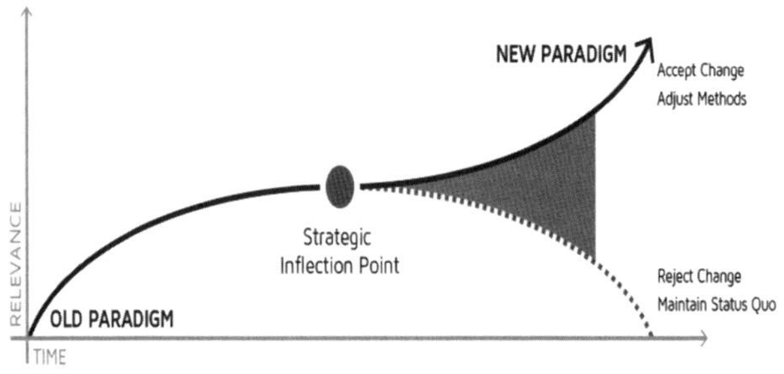

• 출처: Only the Paranoid Survive by Andrew Grove

혹시 《승자의 법칙》이란 책에 대해 들어보셨을지 모르겠는데요. 오래된 책이에요. 1998년도인가 1996년도인가 나온 것으로 기억하고 있는데요. 인텔 CEO였던 앤드류 그로브Andrew S. Grove라는 사람이 '전략적 변곡점'에 대해 이야기를 합니다. 내용은 크게 달라지는 게 없고, 기업이 이제까지 올드 패러다임, 기존에 해오던 것들에서 이렇게 완만하게 성장하고 있다가 어떤 전략적 변곡점에 이르게 된다는 이야기입니다. 이때 굉장히 큰 어려움을 겪게 되는데 과연 이 회사가 그 변곡점에서 변화를 받아들이고 새로운 방법을 채택해서 어떻게 성장해나갈지, 아니면 그 변화를 거부하고 원래 자기의 위상을 지키면서 그냥 다시 추락해갈 것인지, 이것에 대해 생각해야 하는 시점이, 선택해야 할 시점이 언젠가 온다는 이야기를 했어요.

저는 13년간 직장을 다니면서 결혼도 했고 그 다음에 아이도 두 명이나 낳았습니다. 젊었을 때는 좀 잘하고 싶고, 일에 대한 뭐랄까, 욕심도 있고 해서 열심히 했어요. 물론 중간에 출산도 했고 해서, 완만하게 이렇게 올라가긴 했지요. 중간에 휴직도 적게 하고 이런 부분들을 통해서 조금씩 성장해갔는데, 요즘 제가 여기나 여기쯤을 좀 왔다 갔다 하는 것 같아요. 여기에서 좀 컸던 게 무엇인가 하면 우선은 아이가 초등학교에 입학하게 됐고요. 그리고 또 오랜 시간 일을 해왔던 게 아무래도 피로가 누적이 되지 않았나 싶어요.

그래서 매일 이렇게 제 자신을 끌어 올리면서 가려고 하긴 하는데, '그래 한 번, 조금만 온 힘을 다하면 조금은 올라갈 수 있을 거야' 라고 마음먹은 날이 한 이틀 있고, 또 하루는 '아, 내가 진짜 이렇게 하다가 우리 아이

Ⅰ. 전략적 변곡점

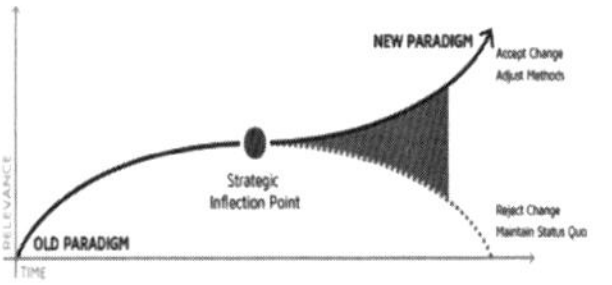

어제와 같은 일을
어제와 같은 방식으로
조금 더 빨리 끝내는 것은
(돈을 좀 더 많이 버는 것에)
주안점을 두는 것의 함정

• 출처: Only the Paranoid Survive by Andrew Grove

변화 압력	방해 요인
전통적 은행산업의 쇠퇴	Fintech 및 P2P 산업 성장
금융신상품 개발 수요	리스크 회피
관리자 역할 비중 증대	비전과 공동목표의 부재
신산업 금융 지원	고립된 지식, 네트워크 결여
창의적인 아이디어	Fast Follower의 관성

어떻게 되는 거야' 이런 생각이 들 때가 많아요. 이 시점을 막 되게 왔다 갔다 하고 있는데, 갑자기 '아, 내가 이 전략적 변곡점이 왔구나' 그런 생각이 들었어요.

그래서 일을 대하는 제 방식을 보는데 매일 고민이 되는 거예요. 예전에는 '어제와 다른 일을, 새로운 일을 조금 더 열심히 해봐서 조금 더 나아지는 사람이 되자' 이것이 제 기조였는데 막상 어제와 같은 일을 어제와 같은 방식으로 혼자 빨리 끝내는 것에 주안점을 두고, '집에 가서 아이한테 빨리 한글을 가르쳐야지' 이런 생각을 하는 저를 돌아보면서 '이게 맞나? 나는 굉장히 발전지향적인 사람이었는데…' 라는 아쉬움이 많이 들었어요.

그리고 이걸 좀 큰 패러다임에서도 바라보고자 했습니다. 제가 지금 거시적으로 처해 있는 상황도 '나는 과연 20년 후에 은행을 다닐 수 있을까?' 였지요. 은행에 대한 뱅크 옵션이라는 책도 나온 것 같이, 전통적인 은행산업에 대해 체크하고 말하는 사람들이 굉장히 많아졌어요. 그리고 실제로 최근에 금융위원회에서 일을 했는데, 글로벌한 회의에서 많이 다루는 주제들인 그냥 씽크 탱크나 아니면 사람이 P2P로 대출을 해주는 모델들에 대해서 말입니다. 그리고 '기본소득'에 대한 개념에 대해서, 세계경제포럼에서도 나왔었는데, 지금 우리가 현재 은행에서 구축하고 있는 주산업들이 사실상 다 필요 없어진다는 이야기도 들리고요.

또 저는 오랫동안 선박 금융 업무를 해왔었어요. 그래서 구조화 작업을 좀 많이 해왔었는데요. 가만히 보니까 처음에는 한 5년 동안은 뭣도 모르고 배우고 처음에는 여러 가지 사례가 쌓이다 보니까 우리나라 선박 금융이 1980년대, 90년대 이후로 크게 글자가 바뀌지 않고 있는 거예요. 굉장히 은행 중심에서 대출 중심 시장에만 아직도 머물러 있고, 상당히 우리가 고객한테 새로운 이익을 주기 보다는 기존에 잘하던 플레이어들이 기존에 해오던 방식들을 도입해서 해오는 방식들에 굉장히 익숙해져 있더군요. 그래서 금융 신선 풀Fool 개발이 필요하다는 느낌은 모두가 가지고 있고, 어디서 해야 하는지도 조금씩 보이기 시작하는데, 그런 것들을 윗분들과 논의를 할 때 굉장히 설득하기가 어려워요. 왜냐하면 리스크를 회피하는 분들이 많기 때문입니다. 안정적으로 가고 싶고. 그런데 저한테도 그런 면들이 조금씩 생겨나고 있는 거예요. 그러니까, 산업에서도 몸담고 있는 부서에서도 전략적 변곡점이 같이 맞닥뜨리고 있었던 거예요.

재미있게도 나이가 들면서 '한 서른다섯, 서른여섯 살이 되면 우리 나이에 은행 다니는 것에 적응이 잘 되겠구나'라고 생각했는데, 점점 막내나 중간급에서 점점 벗어나서 밑에 있는 후배직원들도 생기고, 저한테 관리자 역할이 비중이 커지고 있었죠. 그런데, 사실 굉장히 큰 어려움을 가지고 있게 되었습니다. 바로 제가 가지고 있는 가치를 공유해서 같은 방향으로 끌어나가는 게 상당히 쉽지가 않더라고요. 그러다 보니 '나 잘해야 하는데, 못 하고 있구나'라는 생각을 하면서 이렇게 또 변곡점에서 왔다 갔다 하는 상황에서 파도음과 미세한 그런 것들이 많이 감지되기 시작한 시기입니다.

은행원이긴 하지만, 창의적인 일에 관심이 많아요. 몽상도 많이 하고, '인간들이 더 잘 살게 되려면 어떤 것들이 필요할까? 나는 어떤 금융을 해야 할까?' 이런 생각도 많고, 또 굉장히 많이 하는데, 저는 은행사람들만 만나고, 다른 네트워크도 상당히 결여돼 있는 것 같았죠. 그 다음에 창의적인 은행원들도 옛날에는 '할 수 있어! 빨리 하면 할 수 있어!'라는 마음이었는데, 이제는 그냥 패스트 팔로워에 그치는 관성이 몸에 익숙해져서 어떤 것들을 굉장히 겁내는 자신을 보게 되더라고요. 그래서 거시적으로나 미시적으로나 '아, 내가 그 사람이 말했던 전략적 변곡점을, 은행 안에서나 은행 밖에서나 내 안에서나 내 가정 안에서 보고 있구나' 하는 생각이 들었어요. 그래서 이때 나는 '휴식하고 싶다, 복권이 당첨 돼야 한다'는 생각이 드는 그런 시점에서 연수 프로그램을 지원하고 있었습니다.

Ⅱ. 하고 싶은 일

"The word 'finance' comes from the Latin 'finis' – objective or goal. That's what innovations in the financial sector are for. They motivate people to work together, efficiently and constructively, toward a common goal. A major part of the progress made throughout history has been due to the innovative capacity of the financial world"

(Robert Shiller, Yale University)

그런데 '나는 왜 금융을 하고 싶나?' 이런 생각에 대해서 다시 본질적으로 생각하게 됐어요. 그런데 정말 오랜만에 마음을 떨리게 하는 구절을 발견하게 된 거예요. 제가 금융권에 있으면서도 금융에 대해 약간 회의적인 시각이 좀 많이 생기던 시점이었는데, 학계에 계신 분이긴 하지만, 예일대 교수이신 로버트 쉴러Robert J. Shiller, 이 분이 노벨 경제학자상을 수상하셨는데, 금융에 대해서 그런 이야기를 하시더라고요. 사실상 맨 윗줄만 인용을 했어도 됐을 것 같은데요.

파인낸셜(금융)의 출처는 라틴어의 피니Finis에서 왔다는 것이에요. 이 분이 이를 어떻게 해석하시냐 하면 완성을 해준다는 것은 금융은 사람의 꿈을 이루게 해주는 것에 의미가 있기 때문에, 그것에 주안점을 맞춰서 금융을 해야 한다면서 금융의 역할에 대해 논하시는 거예요. 저는 그

Ⅱ. 하고 싶은 일

- **"미래 종자산업을 발굴하고 신생산업에 피를 돌게"**
- **"금융업에 종사하게 된 것은 금융이 많은 것을 가능하게 하기 때문 "**
- **"금융을 통해 사람들의 꿈을 이루어주고, 인간의 소중한 가치를 지키는데 힘을 쏟는 금융 필드를 개척, 젊은이들과 함께 일하고 싶음"**
- **키워드 : Community Banking, Agrifinance, Water finance, Value Finance**

것을 보는 순간 새로운 떨림이 있었어요. 그래서 '변곡점을 밑으로, 하향 곡선을 그리는 게 아니라, 상향 곡선을 타고 올라갈 수도 있겠구나' 그런 생각이 들어서 MBA에 지원하게 됐어요.

그래서 하고 싶은 일은 이래저래 정리를 해보았습니다. 그때도 다른 포스트잇에 썼었는데, 예전에 학교 다닐 때, 유홍준 교수님이 불상을 보면서 '문화재에서 피가 돈다'는 표현을 하신 적이 있었어요. 저 또한 좀 더 의미 있고, 사람들의 꿈과 생명에 활기를 불어 넣을 수 있는, 신생 사업에 피를 돌게 하는 사람이 되고 싶다는 생각이 들었지요.

그리고 처음에 은행에 종사하게 된 것도 금융이 여러 가지를 가능하게 하는 것이었고요. 그래서 '아 내가 초심이 그러했었구나' 이런 부분들을 다시 보게 됐고, 아직 어떻게 구체화되는지는 모르겠지만, 금융을 통해서 사람들이 꿈을 이루게 해주고, 또 인간들이 소중하게 생각하는 가치들, 그런 것들을 존중해주고 싶다, 무엇보다도 제가 나이가 들어가는지 젊은이들과 일을 많이 하고 싶다는 생각이 들었어요.

새롭게 일본에서도 그런 바람이 불고 있다고 하는데, 로컬 혁명이 일어나고 있다고 해요. 사람들이 얼굴을 마주보고, 커뮤니티 공간에서 직접적으로 교류하는 사회, 그런 지역 체계를 만들어가는 그런 은행업을, 소규모라도 조금 생각해보고 싶어지고, 요즘에는 농업에도 관심이 생기고 있어요. 어렸을 때, 농업 파이낸스Agrifinance에 대해 공부를 조금 해봤는데, 하고 있었던 선박금융인 리스 파이낸셜 구조거든요. 그런데 그 리스 파이낸스 구조를 상당히 차용한 게 많은 거예요. 그래서 '아, 이 부분에도 내가 강점을 가지고 있구나'라는 생각을 했습니다.

그 다음에 워터 파이낸스. 워터 파이낸스는 좀 생뚱맞긴 하지만, 저는 물을 굉장히 중요하게 생각해요. 저는 지금 생수를 매일 사서 먹고 있거든요. 그런데 매일 플라스틱 병에 넣어서 먹는 게 마음에 안 드는 것에서 생각이 시작됐는데, 물이 굉장히 희소해질 것 같더라고요. 그래서 월드뱅크에서 나오는 자료를 집계해봤더니, 물이 진짜 상당히 빠른 시간 내에 부족해질 것이고, 그런 것들이 상당히 대규모 기업을 통해서 지금 자원이 한정돼 있기 때문에 그런 부분에도 좀 관심을 가지고 싶습니다. 그 다음에 또 제가 아니라 기업을 통해서 새로운 생각들을 일궈 내시고 있는 분들의 마음을 알아드리고 싶어요. 뭐라고 써야 할지 몰라서 일단 밸류 파이낸스Value Finance라고 했습니다. 그래서 새롭게 하고 싶은 일을 찾았습니다.

Ⅲ. MBA에서 챙겨 갈 것

1. 자기계발

2. 인적 네트워크

3. 시간의 충실한 활용

MBA에서 챙길 것은 생각해봤더니 3가지인 것 같아요. 우선 저, 제 자신이 좀 더 충전이 돼야 하고, 지식적으로나 아니면 여러 가지 움직일 수 있는 동기부여, 그 다음에 그 외에는 네트워크와 또 아무래도 다른 분들의 생각을 알고, 뭘 하고 싶은지 알아야 하니까, 사람들! 사람들을 지켜야 할 것 같고요. 세 번째는 이 시간을 굉장히 잘 활용해야겠다는 생각이 들었어요. 어젯밤 마무리를 하고, 새벽 1시쯤에 잠을 자야 하는데 '어떻게 마무리를 해야 하지?' 하면서 책을 찾았더니 우연히 다음의 시가 눈에 띄었습니다.

연

차오룽

땅 위에 내려앉은 연은
그저 종이와 실일 뿐입니다
하지만 둥실둥실 하늘로 떠오르면
연은 춤추고 노래합니다
하늘을 나는 연은
흥겹게 춤추고 재잘댑니다
하지만 땅 위로 사뿐히 내려앉으면
그저 실과 종이일 뿐입니다

'연'이라는 중국 시인의 시입니다. 땅 위에 내려앉은 연은 그저 종이와 실, 그 뿐이래요. 근데 둥실둥실 하늘로 떠오르면 연은 춤추고 노래하지요. 하늘을 나는 연은 홍겹게 춤추고 재잘댑니다. 하지만 땅 위로 사뿐히 내려앉으면 그저 실과 종이일 뿐입니다.

너무 신기한 게 이것이 변곡점인 거예요. 땅 위에 있다가 홍겹게 놀다가, 잘못하면 다시 땅으로 내려오는 게, '아 이거다, 이걸로 마무리하자'고 생각하고 잠을 잤는데요.

MBA를 통해서 둥실둥실 다시, 땅 위로 떠오르는 ○○○가 되고 싶습니다. 여러분을 만나 뵙게 되어서 정말 반갑습니다. 감사합니다.

일동 손뼉 치면서 끝.